121 IDÉES MINUTE
POUR **MOTIVER**
MES **TROUPES**

Les Éditions Transcontinental inc.
1100, boul. René-Lévesque Ouest
24e étage
Montréal (Québec) H3B 4X9
Tél.: 514 392-9000
1 800 361-5479
www.livres.transcontinental.ca

Les Éditions de la Fondation de l'entrepreneurship
55, rue Marie-de-l'Incarnation
Bureau 201
Québec (Québec) G1N 3E9
Tél.: 418 646-1994, poste 222
1 800 661-2160, poste 222
www.entrepreneurship.qc.ca

La collection Entreprendre est une initiative conjointe de la Fondation de l'entrepreneurship
et des Éditions Transcontinental visant à répondre aux besoins des futurs et des nouveaux entrepreneurs.

**Catalogage avant publication de Bibliothèque et Archives nationales du Québec
et Bibliothèque et Archives Canada**
Wilson, Jerry R., 1944-2005
121 idées minute pour motiver mes troupes
(Collection Entreprendre)
Traduction de: *151 Quick Ideas to Inspire Your Staff*
Publ. en collab. avec Éditions de la Fondation de l'entrepreneurship.

ISBN 978-2-89472-317-3 (Éditions Transcontinental)
ISBN 978-2-89521-102-0 (Éditions de la Fondation de l'entrepreneurship)

1. Personnel - Motivation. I. Titre. II. Titre: 121 idées minute pour motiver mes troupes. III. Collection:
Entreprendre (Montréal, Québec).

HF5549.5.M63W5614 2008   658.3'14   C2007-942577-1

151 Quick Ideas to Inspire Your Staff © 2005 Jerry R. Wilson. Original English language edition published by
Career Press, 3 Tice Rd., Franklin Lakes, NJ 07417. All rights reserved.

Révision: Renée-Léo Guimont
Correction: Claude Paquin
Mise en pages et conception graphique de la couverture: Studio Andrée Robillard
Impression: Transcontinental Gagné

Imprimé au Canada
© Les Éditions Transcontinental, 2008, pour la version française publiée en Amérique du Nord
Dépôt légal – Bibliothèque et Archives nationales du Québec, 1er trimestre 2008
Bibliothèque et Archives Canada

Nous reconnaissons, pour nos activités d'édition, l'aide financière du gouvernement du Canada par l'entremise du Programme d'aide au développement de l'industrie de l'édition (PADIÉ). Nous remercions également la SODEC de son appui financier (programmes Aide à l'édition et Aide à la promotion).

Pour connaître nos autres titres, consultez le **www.livres.transcontinental.ca**. Pour bénéficier de nos tarifs spéciaux s'appliquant aux bibliothèques d'entreprise ou aux achats en gros, informez-vous au **1 866 800-2500.**

Jerry R. Wilson

121 IDÉES MINUTE
POUR MOTIVER
MES TROUPES

Traduit de l'américain par Michel Edery

Les Éditions
Transcontinental

fondation de
l'entrepreneurship
ÉDITIONS

fondation de l'entrepreneurship

La **Fondation de l'entrepreneurship** s'est donné pour mission de promouvoir la culture entrepreneuriale, sous toutes ses formes d'expression, comme moyen privilégié pour assurer le plein développement économique et social de toutes les régions du Québec.

En plus de promouvoir la culture entrepreneuriale, elle assure un support à la création d'un environnement propice à son développement. Elle joue également un rôle de réseauteur auprès des principaux groupes d'intervenants et poursuit, en collaboration avec un grand nombre d'institutions et de chercheurs, un rôle de vigie sur les nouvelles tendances et les pratiques exemplaires en matière de sensibilisation, d'éducation et d'animation à l'entrepreneurship.

La Fondation de l'entrepreneurship s'acquitte de sa mission grâce à l'expertise et au soutien financier de plusieurs organisations. Elle rend un hommage particulier à ses **partenaires** :

ses **associés gouvernementaux** :

et remercie ses **gouverneurs** :

 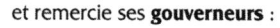 

Table des matières

Avant-propos

Travailler plus vite et obtenir de meilleurs résultats : tels sont les objectifs que visent les entreprises en quête d'excellence. Or, ce qui distingue aujourd'hui une entreprise qui excelle d'une entreprise qui existe, c'est *l'atout concurrentiel* – l'atout même que nous présentent ces *121 idées minute pour motiver mes troupes* de Jerry R. Wilson. Voilà des idées pratiques et percutantes qui trouveront parfaitement place dans toute entreprise moderne. Ce livre vous dotera de l'atout que vous avez toujours cherché. Hâtez-vous de le lire avant que vos concurrents s'en emparent !

Ce livre fourmille d'idées que vous pouvez interpréter, enrichir et mettre immédiatement à exécution, des idées fort utiles qui prennent racine dans la dure réalité de la concurrence. Le message qui revient à plusieurs reprises et de diverses manières dans le livre de Jerry R. Wilson est le suivant : « Votre équipe se mesure à l'aune des personnes que vous recrutez et de l'inspiration que vous leur insufflez. »

Il y a une autre vérité dans le livre de Jerry R. Wilson, et c'est celle-ci : inspirer les gens, c'est leur faire faire ce que vous voulez qu'ils fassent, non parce que vous le voulez, *mais parce qu'ils le veulent.*

Le leadership consiste à créer un environnement ou une culture qui motive les employés « de l'intérieur ». Les employés motivés tiennent au succès de leur entreprise parce qu'il se confond avec leur propre succès. Voilà la combinaison gagnante : amener des gens ordinaires à accomplir des choses extraordinaires. Ces *121 idées minute pour motiver mes troupes* fournissent des stratégies impeccables pour amener votre personnel à ce degré d'engagement.

Les idées que vous découvrirez dans ce livre sont celles d'un homme d'expérience, et non de théorie. L'auteur les a lui-même mises en œuvre avec succès dans ses propres entreprises. Elles ont de plus été expérimentées et validées par des milliers de professionnels et de gens d'affaires qui ont assisté aux conférences données par Jerry R. Wilson aux États-Unis, au Canada et dans plusieurs autres pays.

Dans ces *121 idées minute pour motiver mes troupes*, Jerry R. Wilson ne se contente pas de vous dire quoi faire : il vous explique aussi comment le faire. Avec ce livre, vous serez équipé pour inciter vos employés à donner le meilleur d'eux-mêmes, et vous acquerrez l'état d'esprit et les outils nécessaires pour transformer ces idées en techniques efficaces. Jerry a fait connaître à des milliers de personnes ses idées enthousiasmantes, inspirantes et authentiques pour motiver les autres. À vous de jouer ! Laissez votre vision devenir réalité…

Merci, Jerry !

Steve Hanes
Cours Dale Carnegie

Comment utiliser ce livre

Toutes les idées de ce livre ont été choisies pour vous aider, directement ou indirectement, à attirer et conserver des clients, à forger des relations avec eux et à bâtir une entreprise prospère.

N'essayez pas de mettre en œuvre ces 121 idées en même temps, car il se peut que certaines d'entre elles ne conviennent pas à votre situation actuelle. Lisez les 121 idées et ne retenez que celles qui vous aideront vraiment à apporter des améliorations. Classez vos idées en trois catégories :

- À mettre en œuvre immédiatement

- À revoir dans 30 jours

- À communiquer à…

Faites participer votre personnel à la sélection et à l'exécution de ces idées, et n'oubliez pas de remercier ceux et celles qui auront contribué à leur succès. Achetez plusieurs exemplaires de ce livre, distribuez-les à vos employés et demandez-leur de sélectionner et de recommander des idées.

Feuilletez ce livre tous les trois mois. Comme votre entreprise a pu changer durant cette période, il se peut que vous trouviez de nouvelles idées qui conviendront mieux à votre situation.

Toutes les idées que contient ce livre ont fait leurs preuves dans diverses entreprises des États-Unis et du monde entier. Elles ont marché pour d'autres ; elles marcheront aussi pour vous !

Pensez, sentez et agissez autrement

Le *kaizen* est la philosophie japonaise de l'amélioration quotidienne progressive. C'est une pratique selon laquelle nous devons nous astreindre à apporter chaque jour de petites améliorations qui aboutissent, en s'accumulant, à un progrès gigantesque sur le plan de la qualité, de la productivité et des processus. Appliquez cette philosophie à votre manière de penser, de sentir et d'agir.

Écoutez les gens d'affaires parler de leur travail, de leur compagnie, de leur leadership… Ils parlent presque toujours de leurs *activités*. Pourquoi ce bavardage continuel à propos de nos activités? Les experts nous disent que c'est en grande partie parce qu'il nous procure l'impression agréable d'être très occupés… en même temps que l'illusion de nous croire et de nous sentir productifs.

Y a-t-il un seul client qui s'intéresse vraiment à votre emploi du temps et au train-train de votre entreprise? Ce qui intéresse vos clients, ce sont les résultats concrets que vous leur fournissez et non les moyens que vous empruntez pour y parvenir. Autrement dit, ils se moquent totalement que vous soyez ou non des bourreaux de travail. Ce qu'ils veulent, c'est que vous leur donniez ce que vous leur promettez.

Mandat

Sur une petite carte, écrivez en gros caractères «RÉSULTATS!», puis ajoutez plus bas la phrase suivante: «Les clients veulent que je leur donne ce que je leur promets.»

—————— **Épilogue** ——————

Pensez résultats. Vous vous apercevrez bientôt que votre entreprise adoptera la pratique de l'amélioration quotidienne progressive.

2

Faites marcher votre entreprise

De nombreux gestionnaires sont persuadés qu'ils pourront transformer leur entreprise du jour au lendemain et reportent constamment les améliorations qu'ils pourraient faire au jour le jour. N'attendez pas d'avoir le temps de tout changer d'un seul coup : vous ne le trouverez jamais. Par la pratique du *kaizen* et de l'amélioration continue, vous ferez marcher votre entreprise au lieu de la laisser marcher toute seule.

Patrick était toujours beaucoup trop occupé pour réétudier ses stratégies de marketing et chercher des clients potentiels. Ses vendeurs l'incitaient constamment à le faire, mais il reportait toujours cette action à plus tard. Il était convaincu qu'il aurait toujours un afflux régulier de travail. Jusqu'au jour où son plus grand client lui a préféré un de ses concurrents. Patrick s'est alors vu dans l'obligation de trouver très rapidement de nouveaux clients ou de licencier des employés compétents qu'il perdrait probablement pour toujours.

Nous avons facilement tendance à négliger les améliorations que nous pourrions faire aujourd'hui et nous lamenter plus tard en nous disant « Si j'avais su ! », « J'aurais dû » ou « Pourquoi n'y ai-je pas pensé ? »… En agissant tout de suite, vous vous épargnerez ces regrets.

Mandat

Sur une petite carte affichée bien en vue, écrivez : « Je commence dès aujourd'hui à apporter des changements à mon entreprise et à mon équipe. »

———— Épilogue ————

Les atermoiements nous privent d'un bien précieux : le temps. Commencez dès aujourd'hui à vous améliorer. Pratiquez le *kaizen*.

———————————

« Nous tenons à vous... »

Toutes les entreprises, ou presque, proclament qu'elles tiennent à leurs employés et ne manquent jamais de dire à quel point ceux-ci jouent un rôle important dans leur succès. Les chefs d'entreprise aiment le dire, l'écrire et le répéter à qui veut les entendre. Le problème, quand on veut motiver ses employés, c'est qu'il ne faut pas seulement le dire : il faut le *vivre*.

L'exemple d'une entreprise de Minneapolis forcée de restructurer ses activités après une faillite est très éloquent à cet égard. L'une des nouvelles pratiques adoptées par la compagnie pour motiver son personnel était d'offrir une prime en espèces à tout employé qui lui présenterait des idées et des suggestions intéressantes. L'un des premiers employés à bénéficier de cette offre a jeté un œil sur le chèque de 50 $ que la compagnie lui avait remis à titre de prime et a posé cette question tout à fait pertinente : « Pourquoi ne vous êtes-vous apparemment jamais intéressé à moi et à mes idées pendant que vous étiez en train de faire faillite et que, maintenant que vous avez fait faillite, vous me demandez mes idées et qu'en plus, vous me payez pour vous les donner ? » Aïe !

Vous cherchez un moyen simple et efficace de prouver à vos employés que vous tenez à eux et qu'ils sont importants pour vous ? Suivez les directives du mandat ci-après. En plus d'avoir la satisfaction de travailler avec une équipe plus inspirée, vous récolterez des tas d'idées et de commentaires qui vous aideront à progresser et à vous améliorer.

Mandat

Sur une petite carte, écrivez plusieurs fois le mot « DEMANDER », puis ajoutez plus bas la phrase suivante : « Les gens ne savent pas que je m'intéresse à ce qu'ils savent. » Demandez ensuite régulièrement des suggestions à vos employés – et n'oubliez pas de les mettre en pratique.

———— Épilogue ————

Rien ne sert de crier sur les toits que vous tenez à vos employés. Pour les inspirer vraiment, il faut le leur montrer.

Votre emploi dépend d'eux

Tout le monde connaît l'histoire de l'œuf et la poule. On pourrait se poser la même question à propos du client et de l'employé. Qui passe en premier? Après mûre réflexion et recherche approfondie, je dirais que c'est l'employé parce que c'est par l'entremise de l'employé qu'une entreprise atteint le mieux ses buts.

Le regretté W. Clement Stone est devenu un des premiers milliardaires d'Amérique du Nord en s'adjoignant des centaines de milliers de vendeurs et de gestionnaires qui ont transformé une petite compagnie d'assurances en un géant de l'industrie. L'une des clés de son succès est le principe, profondément ressenti et vécu, selon lequel nous n'obtenons ce que nous voulons que si nous aidons les autres à obtenir ce qu'ils veulent.

D'innombrables chefs d'entreprise voient en lui un modèle et une source d'inspiration parce qu'il leur a rappelé que la seule manière de remettre les gens au travail lorsqu'ils en ont perdu le goût, c'est de les ramener à leurs buts, leurs rêves et leurs aspirations.

Mandat

Sur une petite carte, écrivez la question suivante : « Est-ce que je sais vraiment ce que mes employés retirent personnellement du fait qu'ils m'aident à bâtir et à faire avancer ma compagnie ? » Placez cette carte au début d'un dossier contenant toutes les fiches d'employé.

———— Épilogue ————

Rien n'est plus important que de savoir ce que vos employés attendent de vous et de leur travail, et rien n'est mieux récompensé que de les aider à atteindre leurs buts.

Leur avez-vous dit pourquoi ?

Les enfants sont passés maîtres dans l'art de poser des questions qui commencent par un « pourquoi ? » et qui poussent plus d'un parent au bord de la crise de nerfs. Ce n'est pas parce que vous avez affaire à des adultes que vous devez oublier que, comme les enfants, ils ont toujours besoin de demander pourquoi.

Geneviève a la tâche pénible de convoquer les employés de sa bibliothèque à une réunion imprévue mais inévitable. Elle doit annoncer à ceux-ci, déjà en nombre insuffisant et débordés de travail, que la Ville a décidé non seulement de doubler la taille de la bibliothèque, mais aussi de rénover et de moderniser les installations vieillissantes, ce qui se traduira par une véritable année d'enfer pour tout le monde. Si ce projet se concrétise, les employés devront vivre dans le bruit, la poussière, les déménagements et autres inconvénients trop nombreux pour être énumérés.

Fort heureusement, Geneviève a l'intelligence d'annoncer la nouvelle en expliquant le pourquoi de la situation plutôt qu'en en présentant les conséquences. Quand les membres de l'équipe comprennent que la bibliothèque doit faire ces changements pour répondre à la demande des abonnés en services Internet et qu'elle doit agrandir son espace pour offrir de meilleurs services de formation et d'apprentissage, ils adhèrent au point de vue de Geneviève. La situation les effraie moins parce qu'ils savent qu'ils disposeront d'installations plus spacieuses et de meilleure qualité une fois les rénovations terminées.

Mandat

Sur une petite carte, énumérez au moins trois raisons d'être enthousiaste à propos de l'avenir de votre entreprise et des possibilités de perfectionnement de vos employés. Inspirez-vous de ces raisons pour établir un dialogue transparent avec vos employés.

―――――――― **Épilogue** ――――――――

Prenez les devants et expliquez aux employés pourquoi quand cela est important et voyez-les réagir avec une énergie nouvelle et de l'enthousiasme.

―――――――――――――――――――――――――――

Cherchez l'aimant

Vous vous êtes très probablement déjà servi d'un aimant, et vous avez peut-être aussi été émerveillé par la magie qui s'opère quand il est attiré par le métal. Il y a les petits aimants tout simples, comme ceux qu'on pose sur une porte de réfrigérateur pour conserver des notes, et les aimants plus gros et plus complexes, comme ceux qu'on place au bout d'une grue pour soulever d'immenses piles de métal. À vous de trouver l'aimant qui attirera les gens, les inspirera et les incitera à se joindre à vous et à votre compagnie.

Pensez aux organismes bénévoles. Les gens sont non seulement prêts à leur offrir leurs services, mais à le faire pour rien et même à payer leurs propres dépenses. Pourquoi les gens deviennent-ils bénévoles pour des organismes comme Centraide, la Croix-Rouge et tant d'autres ? Quel est l'aimant qui les attire ?

Revenez au premier jour où vous avez fondé votre compagnie ou que vous avez pris la relève de son ancien dirigeant. Qu'est-ce qui avait motivé votre décision? Quels étaient le facteur déterminant et l'élément déclencheur qui vous poussaient à prendre cette décision, au-delà de l'argent que vous alliez gagner? Quelle était la force irrésistible qui vous poussait à faire cet acte de foi?

Mandat

Sur une petite carte, répondez aux questions suivantes :

- **En quoi les produits et les services de mon entreprise profitent-ils directement aux gens ?**
- **Quelle histoire personnelle pouvez-vous raconter pour expliquer en quoi votre entreprise contribue à bâtir un monde meilleur ?**
- **Quel est l'aimant qui se cache derrière ce que vous faites pour aider les autres à résoudre des problèmes, améliorer leur vie et réaliser leurs rêves ?**

—————— Épilogue ——————

Faites de votre histoire un aimant qui attirera les gens.

Faites valoir les avantages

Les publicitaires appellent « répétitions » le nombre de fois qu'un même message rejoint le consommateur pour l'inciter à acheter les produits et les services d'une entreprise. Toutes les agences de publicité savent que c'est seulement lorsque vous avez vu et revu leur annonce jusqu'à saturation complète qu'elles vous ont enfin convaincu et qu'elles commencent à bâtir la notoriété des produits et des services qu'elles essaient de vous vendre.

La même chose s'applique à votre entreprise. Vous devez mettre en valeur les avantages qu'elle offre aux employés qui travaillent pour vous. Vous devez multiplier les répétitions pour gagner vos employés aux mérites de votre entreprise. Il est très peu probable qu'une seule annonce radio ou télé vous fasse acheter le tout dernier produit offert. De la même manière, vous devez répéter sans cesse le même message à vos employés pour les rallier.

Mandat

Sur une feuille de papier, énumérez toutes les occasions possibles de marteler votre message : communications écrites, réunions, conversations quotidiennes, etc. N'oubliez jamais que la promotion de votre message constitue une grosse partie de votre travail. Plus la liste est longue, plus vous établirez la notoriété de votre compagnie auprès des employés.

Réduisez ensuite votre liste aux dix meilleures que vous reporterez sur une petite carte. Placez celle-ci dans un endroit bien en vue pour vous rappeler que vous ne devez jamais cesser de faire valoir votre compagnie.

———— Épilogue ————

C'est seulement lorsqu'ils sont saturés par le même message que les employés *commencent* à le comprendre.

N'inventez pas votre succès : volez-le

Tout dirigeant efficace doit conserver dans un coin de sa mémoire les pratiques d'affaires, les bonnes idées et les stratégies établies et reconnues qui l'aideront à faire des choix parmi les innombrables options qui se présentent à lui. L'un des premiers choix que vous avez à faire est de décider si vous serez un inventeur, un pionnier ou un voleur.

Comme le disait Thomas Edison, vous pouvez passer des journées entières à faire des expériences ruineuses et épuisantes qui grugeront tout votre temps. Vous pouvez tâtonner, vous tromper, recommencer et passer le plus gros de votre carrière à chercher des réponses. Ou vous pouvez tout simplement voler aux autres les idées qui fonctionnent.

Les pratiques exemplaires dont se gavent aujourd'hui les gens d'affaires sont les moyens et les méthodes dont s'inspirent les compagnies pour poser les meilleures actions possibles et prendre les meilleures décisions possibles. Permettez-moi de vous le suggérer : volez aux compagnies qui ont fait leurs preuves leurs pratiques exemplaires. Et ne vous limitez pas à votre profession, votre métier ou votre domaine. Cherchez ailleurs.

Si vous cherchez des pratiques exemplaires pour gérer des exploitations multiples, suivez l'exemple de McDonald's. Si vous cherchez un modèle de propreté, imitez UPS. Si vous cherchez un idéal de fiabilité, suivez les méthodes de FedEx pour livrer les colis dans les 24 heures. Les exemples ne manquent pas.

Mandat

Sur une petite carte, écrivez la citation suivante et méditez-la : « Regarde ce que font les gens qui réussissent, fais ce qu'ils font, et toi aussi tu réussiras. »

—————— Épilogue ——————

Des tas de gens se croient sufisamment brillants pour réinventer la roue. Contentez-vous de suivre ceux qui la font déjà tourner.

Nul ne peut servir deux maîtres

La Bible répète à maintes reprises que « nul ne peut servir deux maîtres ». Vous connaissez très bien le sens biblique de ces paroles, mais savez-vous comment les appliquer au monde des affaires ?

Si certaines sociétés japonaises sont si prospères, et depuis si longtemps, c'est qu'elles se consacrent à un seul maître : leur client. Des compagnies comme Toyota, Suzuki et Yamaha savent que le client passe en premier lieu et que les profits viennent ensuite. De fait, de nombreux gens d'affaires japonais souscrivent à la philosophie selon laquelle les profits sont la récompense découlant des clients satisfaits.

Demandez-vous comment de talentueuses compagnies japonaises ont percé des marchés que les Américains croyaient être leur chasse gardée et comment elles s'y sont taillé une place. Elles ont notamment conquis une part importante du marché des ventes automobiles en offrant aux clients ce qu'ils attendaient : qualité, sécurité et économie de carburant. Elles ont donné la priorité au client, et les profits sont venus ensuite.

Pourquoi donner la priorité au client ? Si tous vos efforts convergent vers vos profits et votre chiffre d'affaires, il est fort probable que votre prise de décision obéira aux mêmes impératifs. Vous penserez et agirez en fonction de votre compte de banque et non de ce que vous devez faire pour attirer et conserver vos clients.

Mandat

Sur une petite carte, écrivez : « Nul ne peut servir deux maîtres. Mes employés et moi devons servir d'abord, surtout et toujours le client. »

———— Épilogue ————

Êtes-vous prêt à ne servir qu'un seul maître : votre client ?

Soyez exigeant : imposez vos normes

Les gens veulent qu'on leur dise quoi faire et quand on le leur dit, ils le font. Aussi adultes qu'ils soient, vos employés ont besoin d'encadrement, de directives et de limites. L'un des meilleurs services que vous puissiez leur rendre est d'être un patron exigeant.

Nous ne parlons pas des patrons qui s'emportent, hurlent et dictent leurs ordres. Ni des patrons qui traitent leurs employés comme des esclaves sur lesquels ils peuvent se défouler. Être exigeant, c'est être ferme sans cesser d'être aimable. Un gestionnaire stable et fort dirige ses employés pour les amener au sommet de leur performance. Et pour atteindre ce sommet, tout le monde doit savoir quelles sont les normes de performance dans votre compagnie.

Un patron exigeant impose des directives précises et sans compromis. Par exemple, tous vos employés doivent savoir que vous ne répondrez aux appels qu'à la troisième sonnerie, ou encore qu'ils doivent répondre à tous leurs messages téléphoniques avant 16 heures. Être exigeant, c'est demander à votre groupe de promettre le moins possible et d'agir le plus possible.

Mandat
Sur une petite carte, écrivez ceci : « Je serai un patron exigeant, un patron amical mais ferme qui imposera ses critères. »

——— Épilogue ———
Montrez avec politesse et fermeté ce qui est le plus important pour les clients. Le reste coulera de source.

Faites de chaque employé un directeur du service à la clientèle

Les descriptions de poste sont très utiles, mais elles ont presque toutes un énorme défaut : en cantonnant l'employé à une liste de tâches prédéterminées, elles le dégagent de la responsabilité de forger des relations avec la clientèle. Si vous êtes vraiment convaincu de l'importance d'entretenir des relations à long terme avec la clientèle, tous vos employés sans exception devraient partager avec vous cet engagement.

À Disney World, une femme qui participe à une visite guidée est témoin de la scène suivante : un des artistes qui viennent de se produire sur scène se penche pour ramasser un papier qui traîne dans une allée et le dépose dans une poubelle. L'apercevant, la femme demande à son accompagnateur combien il y a de concierges à Disney World. L'accompagnateur lui répond : 45 000. Et combien y a-t-il d'employés en tout ? Même réponse : 45 000. À Disney World, tous les employés ont la tâche commune de préserver la bonne image du parc, qu'ils fassent partie de la haute direction ou du personnel d'entretien. C'est cette unité qui donne à Disney une partie de sa magie.

Vos employés prennent-ils à cœur votre mandat le plus important, celui de bâtir des relations avec la clientèle ? Si oui, félicitations ! Sinon, insufflez-leur l'inspiration nécessaire pour qu'ils fassent leur part, exactement comme tous les employés de Disney s'unissent pour faire briller leur parc.

Mandat

Sur une petite carte, rédigez une description de poste en commençant par la fonction la plus importante : directeur du service à la clientèle. Énumérez ensuite toutes les autres fonctions qui viennent après ce titre.

—————— Épilogue ——————

Évitez que vos employés ne se raccrochent à cette phrase un peu trop fréquente dans les compagnies : « Ce n'est pas mon travail. »

« Ce que nous attendons de vous… »

Vos collègues, vos employés et vos associés ont peut-être toutes les qualités du monde, mais il y a une chose qu'ils sont incapables de faire : lire dans vos pensées. Vous devez leur dire ce que vous attendez d'eux si vous voulez qu'ils satisfassent ou devancent vos attentes.

Avez-vous déjà eu un patron qui ne vous disait jamais quoi faire et qui vous reprochait ensuite de ne pas faire les choses comme il le voulait ? Ou un superviseur qui aboyait ses ordres comme un caporal d'armée et qui ne vous disait jamais ce qu'il attendait de vous ? Vous rappelez-vous à quel point il était pénible de faire votre travail en essayant de deviner ce que voulait votre patron ?

Pour être inspiré, un employé doit éprouver un sentiment de satisfaction et d'accomplissement. Comment peut-il en être ainsi quand son patron l'ignore ? Quand il ne sait pas ce que la direction lui demande en matière d'attitude, d'honnêteté, d'éthique professionnelle, de productivité, d'intégrité, d'esprit d'équipe, etc. ?

Mandat

Sur une petite carte, écrivez un maximum de 10 choses que vous attendez de vos employés. Intitulez cette liste « Ce que j'attends de vous » et servez-vous-en pour les entrevues d'embauche, les évaluations du rendement, les offres d'emploi, les réunions, les cérémonies de remise de prix, etc.

─────── **Épilogue** ───────

En mettant sur papier vos attentes à l'égard de vos employés, vous aurez un personnel beaucoup plus heureux, plus productif et incroyablement plus loyal.

───────────────────────────

13

Ne vous faites pas concurrence

Qui est votre principal concurrent? Ce n'est peut-être pas celui que vous croyez. Votre concurrent numéro un est probablement celui que vous voyez dans votre miroir tous les jours: vous-même!

Prenons l'exemple d'une compagnie d'assurance qui en acquiert une autre à peu près semblable. Les employés de la compagnie qui vient d'être acquise sont convaincus qu'ils excellent dans tout ce qu'ils font et qu'ils sont supérieurs en tous points à leurs nouveaux collègues. Quand les nouveaux patrons proposent des changements et des améliorations pour normaliser et harmoniser les activités des deux compagnies, les nouveaux arrivants se rebellent. Un conflit éclate entre les deux camps, et la rivalité s'installe.

Si tous les employés de votre compagnie, y compris vous-même, faisaient ce qu'ils savent, veulent et planifient, il n'y aurait pas de concurrence. Si vous fournissiez invariablement vos produits et vos services de manière à devancer les attentes de la clientèle, vos concurrents n'auraient aucune chance de vous vaincre. Si toutes les personnes de votre équipe se sentaient assez motivées pour faire les choses du mieux qu'elles le peuvent, qui pourrait bien rivaliser avec vous? Il se pourrait bien que vous soyez votre principal concurrent.

Mandat

Sur une petite carte, énumérez les situations et les problèmes qui vous empêchent, vous et vos employés, de vous consacrer entièrement à vos clients. Comment vous tirez-vous dans le pied? Comment créez-vous vos propres problèmes et vos propres obstacles? Comment rendez-vous votre travail improductif?

Réunissez ensuite vos employés et demandez-leur d'énumérer vos principaux concurrents. Lisez-leur ensuite votre liste pour leur faire comprendre que vous êtes votre principal concurrent et que cela va changer dès maintenant. Dites-leur que vous éliminerez ennuis, problèmes et incohérences.

—————— Épilogue ——————

Laissez vos concurrents être vos concurrents et faites tout ce qui est en votre pouvoir pour ne pas devenir votre propre rival.

Le conseil de mère Teresa

Il n'est pas facile de se dévouer totalement aux autres et de les aider sans rien attendre en retour, mais on peut y arriver avec beaucoup de pratique et de détermination. Les sentiments qu'on éprouve en aidant les autres sont notre seule récompense, mais cela représente tout un défi.

Pour vous guider sur le chemin de l'aide désintéressée, nous avons choisi l'exemple de mère Teresa. C'est une source d'inspiration à tous les égards. Elle a consacré sa vie à implanter des missions et à secourir les personnes malades et agonisantes qui étaient abandonnées à leur sort dans les rues de Calcutta, en Inde. Son but était d'aider les personnes souffrantes à mourir dans la dignité, dans un climat d'amour et de compassion, soutenues par des religieuses désintéressées que mère Teresa appelait ses anges.

«Vous vous trouverez vous-même lorsque vous vous serez perdu dans l'amour de l'humanité», a-t-elle dit. Cette pensée devrait nous inspirer. Comment évaluez-vous l'engagement de mère Teresa à servir son prochain? Comment évaluez-vous votre propre engagement à servir et à aider les autres? Éprouvez-vous ce sentiment gratifiant qui vous stimule et vous inspire, vos employés et vous?

Mandat

Souvenez-vous de la dernière fois où un client vous a remercié personnellement et sincèrement pour votre aide. Notez-le sur une petite carte et inscrivez la date.

Chaque fois que vous venez en aide à quelqu'un, notez-le sur une nouvelle carte. Demandez à vos employés d'en faire autant. N'oubliez pas que la valeur de votre aide se mesure aux remerciements que vous recevez. Fixez-vous l'objectif de créer au moins une carte par jour.

———— Épilogue ————

N'oubliez jamais que les gens que vous aidez aujourd'hui reviendront vous demander plus d'aide encore demain!

Répondez aux questions au sujet de votre entreprise

Chez les jeunes enfants, presque toutes les questions commencent par « pourquoi ». Ils veulent comprendre les raisons de tout ce qu'ils voient et entendent, au risque de rendre leurs parents complètement fous. Les esprits curieux veulent toujours savoir *pourquoi*.

Forcé de mettre à pied provisoirement quelque 80 travailleurs, le directeur d'une usine décide de s'adresser sans tarder aux employés afin de leur expliquer pourquoi il doit le faire. Il réunit les employés et leur annonce que, pour être concurrentiel, il doit moderniser et rentabiliser l'usine, ce qui l'oblige à fermer celle-ci pendant environ neuf semaines et à mettre à pied environ 80 employés. Il précise que cette initiative fait partie d'un plan à long terme destiné à améliorer la qualité du travail et accroître la productivité et que, une fois ces améliorations apportées, l'entreprise sera en mesure de mieux payer son personnel. Il s'excuse d'avoir à mettre à pied des employés et, quand il finit de parler, il est applaudi par les personnes mêmes qui seront mises à pied.

Mandat
Sur une petite carte, écrivez ceci : « Leur dire pourquoi. » Relisez cette phrase avant de prendre toute décision concernant les employés.

——————— **Épilogue** ———————

Les gens veulent connaître les raisons des politiques internes et savoir ce qui les attend. Fournissez-leur cette information, et ils vous remercieront en étant plus enthousiastes, motivés et inspirés par leur travail.

16

Répondez aux questions de vos employés

Si vos employés vous demandent pourquoi ils devraient être assez motivés pour contribuer au succès de votre entreprise, vous n'aurez qu'une réponse très simple à leur donner : du fait que votre compagnie est plus prospère, vous pouvez être plus concurrentiel et vous pouvez plus facilement attirer et conserver de nouveaux clients, ce qui vous fournit les ressources et les moyens de stimuler, de valoriser et de mieux rémunérer votre personnel.

S'étant donné la croissance pour objectif, une grande compagnie d'assurance savait qu'il devenait impératif de se doter d'employés compétents. En expliquant les raisons de ses décisions, la direction a permis aux employés de prendre en main leurs compétences et de les exercer en toute confiance. La compétence fait naître la confiance. Trois principales composantes agissent dans l'instauration de la confiance :

1. **Expérience.** Les employeurs sont au courant des épreuves, des erreurs et des problèmes quotidiens des employés.

2. **Connaissances**. Les connaissances de leur employeur incitent les employés à désirer apprendre tout au long de leur vie.

3. **Succès**. Rien ne fortifie davantage la compétence que les victoires et les succès.

Mandat

Sur une petite carte, écrivez ceci : « Confiance en soi = expérience, connaissance, succès. » Parlez à vos employés de ces trois composantes de la confiance en soi et aidez-les à acquérir de l'expérience et à approfondir leurs connaissances en leur fournissant la formation voulue et en soulignant publiquement leurs réussites.

—— Épilogue ——

Perfectionner le personnel ne se fait pas sans efforts. Attaquez-vous à cette tâche en commençant par le résultat final : la compétence fait naître la confiance.

17

Oubliez votre ego

Dans ce livre, nous revenons à plusieurs reprises sur le besoin de laisser de la place aux autres et de pratiquer la philosophie du service altruiste. Vous savez déjà qu'il n'est guère facile de mettre de côté ses motifs personnels et égoïstes.

Stéphane était le type même de l'entrepreneur flamboyant. Il était motivé, tenace et obsédé par l'idée de faire de ses commerces de détail des entreprises fructueuses, prospères et rentables. Quand je suis arrivé à notre première séance de consultation, je me suis aperçu très vite que la seule chose qu'il avait vraiment réussi à faire, c'était d'avoir poussé son personnel à bout et de s'être rendu insupportable aux yeux de tout le monde.

Son problème de leadership éclatait dans chacune de ses phrases, chacun de ses échanges, chacune de ses conversations avec ses employés. Le « je » régnait en maître : *je* veux que vous fassiez ceci, *je* veux que vous fassiez cela. Il ressemblait à ces enfants de deux ou trois ans qui s'imaginent que le monde n'existe pas sans eux.

Stéphane s'est interrogé sur son style de leadership et s'est finalement aperçu qu'au bout du compte, les gens ont leurs raisons et non pas vos raisons de faire les choses. Pour se remémorer cette vérité importante, il a créé une carte que je vous recommande de recopier pour votre propre compte.

Mandat

Sur une petite carte, écrivez le mot « ego », encerclez-le et tracez une ligne transversale d'un point à un autre du cercle, à la manière d'une enseigne interdisant de fumer. Chaque fois que vous verrez cette carte, pensez à vos employés et à ce qu'ils attendent et exigent de vous pour bien faire leur travail. Ces pensées varieront selon les employés, et la liste changera au fur et à mesure que les situations, les gens et les besoins évolueront.

En dessous du cercle, écrivez ensuite cette pensée : « Le secret du leadership est d'amener les gens à faire ce que vous voulez qu'ils fassent, non parce que vous le voulez, mais parce qu'ils le veulent. »

——— Épilogue ———

Il faut savoir oublier son ego et attirer celui des autres.

Charmez leur esprit, touchez leur cœur et leur âme

Retenez vos associés, vos employés et vos cadres en séduisant leur esprit, leur cœur et leur âme. Établissez avec eux des rapports si personnels et si profonds que la seule pensée de quitter votre entreprise pour aller travailler ailleurs fera naître en eux une sensation d'extrême danger et un sentiment d'intense culpabilité.

Une étude universitaire montre que lorsque vous parlez de salaires et d'avantages sociaux en faisant appel à la logique et aux faits, vous rejoignez l'intellect de vos interlocuteurs. Lorsque vous en parlez en évoquant des émotions et des sentiments, vous rejoignez leur cœur. Pour rejoindre leur âme, le rapport doit être plus profond et plus personnel. La meilleure manière d'y parvenir est de leur donner les moyens de multiplier les expériences positives de relations avec la clientèle. Faites tout ce qui est en votre pouvoir pour rejoindre leur âme, pour que votre équipe se sente continuellement magnétisée par votre entreprise.

Mandat

Sur une petite carte, notez certains des attraits émotionnels que vous pouvez offrir pour attirer vos employés et vos clients, comme les souvenirs de succès ou d'échecs.

—————— Épilogue ——————

Hissez vos relations avec le personnel à un niveau où vous toucherez leur esprit, leur cœur et leur âme.

À qui revient le mérite?

Pour inspirer et motiver les gens, il faut leur accorder le mérite qui leur est dû. Facile à dire, mais plus difficile à faire, semble-t-il, car de très nombreuses personnes ont souvent la sensation désagréable de sacrifier une partie d'elles-mêmes lorsqu'elles attirent l'attention sur quelqu'un d'autre.

Quand Simon m'a demandé la permission de moderniser une section de notre service haute performance, j'ai eu l'impression de perdre un membre de ma famille. Ce service était sous ma sacro-sainte responsabilité, et la seule idée que quelqu'un envahirait mon territoire me plongeait dans une profonde agitation. Mais en voyant la détermination de Simon et en réalisant que cette section nécessitait effectivement plus d'attention et d'améliorations, je lui ai donné le feu vert.

Simon a fait un travail extraordinaire. Le service n'a jamais eu aussi belle allure et nous disposons même d'un étalagiste en résidence affecté au magasin au complet.

Le succès a été triple : d'abord parce qu'en s'attaquant à ce service avec toute la compétence dont il a fait preuve, Simon m'a permis de me consacrer à d'autres activités ; ensuite parce qu'il nous a prouvé que, lorsqu'on leur en donne la possibilité, les gens peuvent réussir au-delà de toute attente, ce qui a été une importante leçon pour ses collègues ; enfin, parce que la confiance qu'il a acquise lui a donné des ailes.

Mandat

Sur une petite carte, notez ce principe essentiel pour motiver et inspirer les gens : «Lorsque nous renonçons à revendiquer constamment le mérite des réalisations, nous aidons les autres à se surpasser.» Faites

ensuite la liste des employés dont les réalisations méritent vos félicitations. Mettez à jour cette carte. Apprenez dès aujourd'hui à accorder aux gens le mérite qui leur revient.

———— Épilogue ————

Le principe selon lequel il faut « louer en public et réprimander en privé » n'est pas toujours facile à appliquer. Mais vous en tirerez d'énormes avantages, car les gens que vous aurez aidés à s'épanouir seront prêts à atteindre des sommets pour vous.

20

Soyez tribal !

Depuis la nuit des temps, les êtres humains tentent par divers moyens de préserver et de perpétuer les enseignements qui peuvent éclairer et inspirer les gens. Parmi ces moyens, les autochtones américains ont privilégié la narration d'histoires, mais aussi la création de totems qui sont devenus les symboles vivants des enseignements qu'ils voulaient transmettre aux membres de la tribu.

Pour déterminer les besoins du client et maximiser le potentiel de vente, les vendeurs sont souvent invités à solliciter ses questions et à y répondre. Une récente technique de vente semble indiquer que les vendeurs y parviennent mieux en se donnant une représentation visuelle de leurs actions. Ayant appliqué cette technique, un vendeur a réussi à transformer une vente de 8 $ en une transaction de plus de 400 $ lorsqu'il s'est aperçu que le client ignorait que l'entreprise était en mesure de combler ses autres besoins.

Très avisé, le dirigeant de l'entreprise a tôt fait de donner à cette expérience de vente les allures d'une histoire tribale. Il a d'abord envoyé à tous les employés un courriel dans lequel il racontait l'affaire en couvrant de louanges le « personnage » principal. Il a ensuite installé dans les salles de repos des affiches pour rappeler ce bon coup. Enfin, il a ajouté un module au programme de formation pour que cette réussite serve d'exemple. Il a ainsi tribalisé cette histoire pour en faire un outil d'enseignement qu'il était résolu à exploiter à fond.

Mandat

Créez une série de petites cartes consacrées à des histoires tribales et des situations héroïques au cours desquelles vos employés se sont surpassés pour vendre vos produits et aider vos clients. Tout le monde aime les histoires et s'y associe facilement. Ce sont souvent d'excellents outils pour inspirer et motiver les gens.

—————— Épilogue ——————

Tout le monde a besoin de prouesses et de héros. Créez votre propre recueil des succès des membres de votre tribu, intégrez-les à vos programmes de formation et faites-en des sources d'inspiration pour les autres.

21

« Ne vous tournez pas les pouces, donnez plutôt un coup de pouce ! »

Tout gestionnaire doit veiller à ce que les employés soient aussi productifs que possible et qu'ils contribuent du mieux qu'ils peuvent au succès de l'entreprise. Si certains de vos employés ne font rien, les coûts salariaux deviennent inutilement élevés. Les salaires comptent en effet parmi les principales dépenses et constituent l'une des rares variables qui peuvent consolider ou ruiner une entreprise.

« Si vous avez le temps de tourner en rond, vous avez le temps de nettoyer », disait Ray Kroc, fondateur des restaurants McDonald's. Ce que cette phrase sous-entendait, c'est que le nettoyage n'avait rien de superflu et qu'il faisait partie intégrante de la contribution des employés au succès de l'entreprise. En consacrant leur temps libre au nettoyage, les employés contribuaient à alimenter l'image de propreté légendaire qui a fait la réputation des restaurants McDonald's.

Pouvez-vous vous permettre de laisser vos employés rêvasser en attendant leur prochain coup de fil ou la visite d'un client ? Les employés doivent vous apporter une contribution de tous les instants si vous voulez maximiser votre succès. Voir à la réduction des coûts salariaux et à l'optimisation de la productivité constitue le principal mandat des gestionnaires. Prenez exemple sur Ray Kroc : veillez à ce que vos employés optimisent leur temps et rentabilisent vos coûts salariaux.

Mandat

Sur une petite carte, écrivez chaque jour une courte liste de choses à faire. En présence d'une telle liste, aucun employé ne pourra dire plus tard qu'il ignorait ce qu'il y avait à faire. Balayez toutes leurs excuses en affichant une nouvelle liste de tâches tous les jours.

——— Épilogue ———

C'est quand aucun client n'attend et que les téléphones sont muets que la charge de travail atteint son sommet. N'est-ce pas précisément le moment où vous devez vous préparer à la prochaine flambée de travail ?

Obstacles et ressources

Ce livre ne porte pas uniquement sur les moyens d'inspirer et de motiver vos employés. Il traite aussi et surtout de la nécessité de changer votre style de leadership. Il vous aide à repérer les erreurs que vous avez commises et à adopter un nouveau style de gestion. Il vous encourage à penser et à agir différemment pour obtenir les résultats que vous désirez.

Un cadre avisé avait coutume de se définir comme un plombier. Il voyait ses employés comme une force qui s'écoulait le long d'un tuyau et considérait que son rôle était d'éliminer ce qui bloquait son passage. Vos employés ont la responsabilité d'exceller dans leur travail. La vôtre est de créer un environnement qui leur permette d'exceller. Vous devez les aider à accomplir leur tâche, à les rendre vraiment autonomes.

Tant que des obstacles et des barrières se dresseront sur leur chemin, vos employés seront insatisfaits. Votre travail consiste à écarter ces obstacles et à mobiliser les ressources dont votre équipe a besoin. Quand les employés verront que vous agissez pour les aider, ils seront intéressés à progresser.

Mandat

Prenez deux petites cartes. Intitulez la première «Obstacles» et la deuxième «Ressources». Analysez avec votre équipe les processus internes pour localiser les obstacles qu'elle rencontre chaque jour et définir les ressources dont elle a besoin pour être plus efficace et plus productive. Notez vos conclusions sur les deux cartes. Inspirez-vous des cartes pour créer un plan d'attaque et travaillez à supprimer les obstacles et à réunir les ressources nécessaires. Fixez-vous une échéance raisonnable pour atteindre vos objectifs (un mois, par exemple). Soulignez chaque réalisation de votre équipe.

———— Épilogue ————

Votre travail consiste à éliminer les obstacles et à fournir à vos employés les ressources dont ils ont besoin pour bien faire leur travail. Effacez-vous ensuite pour ne pas devenir vous-même un obstacle.

23

Ce que promet votre marque

Il fut un temps où les entreprises devaient se *différencier*, créer une *proposition de vente unique* ou encore trouver un *créneau* pour conquérir et conserver leur part de marché. Avec l'intensification de la concurrence et l'arrivée de logiciels qui ont permis aux chefs d'entreprise de mieux définir leurs stratégies, la notoriété de la marque est devenue le principal moyen de se distinguer de ses concurrents.

Quatre jeunes hommes arrivent en retard à l'un de leurs cours. Ils expliquent à leur professeur qu'ils ont eu une crevaison. Le professeur, qui en a entendu d'autres, leur demande d'écrire sur un bout de papier quel pneu de leur voiture a crevé. Nous vous laissons imaginer quelles différentes réponses les étudiants ont pu donner. Le mandat de toute entreprise est de créer un message que personne n'oubliera et de veiller à ce que tous ses employés racontent invariablement la même histoire.

Vous devez non seulement définir ce qui vous distingue de la concurrence, mais vous en tenir au même message et le communiquer à répétition. La question à laquelle vous devez répondre est la suivante : « Que promet votre marque et que transmet votre message à votre client ? » L'uniformité de la marque facilite aussi l'association des employés à l'entreprise.

Demandez-vous si ce que promet votre marque :

1. reflète vraiment qui vous êtes, ce que vous faites et ce que retirent les clients ;
2. montre ce que vos clients veulent et attendent de vous ;
3. exprime ce qui vous différencie de vos concurrents.

Mandat

Sur une petite carte, décrivez l'image de marque de votre entreprise, ainsi que votre promesse (c'est-à-dire ce que vous voulez que vos clients pensent de vous). Demandez à tous les employés de faire une copie de cette carte et de la conserver en permanence. Ils vous aideront à transmettre le message de votre marque dans toutes les relations avec la clientèle.

Épilogue

Vous devez promettre ce que vous livrerez, et livrer ce que vous avez promis.

24

Non, *jamais* vous ne comprendrez les autres

Certains chefs d'entreprise voudraient savoir ce qui inspire et motive les gens au plus profond d'eux-mêmes. Vouloir saisir ces motivations intimes, c'est s'engager sur un terrain extrêmement glissant, car nous sommes tous différents les uns des autres. Chaque être humain est unique ; il a ses propres motivations au même titre qu'il a son propre ADN.

Un sage professeur expliquait qu'on ne pouvait pas comprendre les gens au-delà de leur image superficielle. À moins d'être leur psychanalyste, vous ne pouvez qu'observer leurs actions, étudier leurs comportements et constater leurs résultats. Vous ne pouvez pas lire dans leurs pensées. « Il faut accepter les gens tels qu'ils sont et non tels qu'on voudrait qu'ils soient », disait ce professeur. Nous avons tous connu des gens apparemment heureux et comblés qui ont brusquement quitté épouse et travail et ont complètement changé de vie. Comment les comprendre ? Nous ne percevons que la couche superficielle de leur comportement.

Qu'est-ce que cela signifie sur le plan de la motivation des employés ? Que vous devez accepter les choses telles qu'elles sont et ne vous en tenir qu'à ce que vous voyez. Chaque employé est motivé par ses propres impulsions, ses propres idées, ses propres émotions.

Mandat

Sur une série de petites cartes (une par employé), résumez du mieux que vous pouvez ce qui vous semble motiver l'employé. Modifiez la carte en fonction de ce que vous apprenez de nouveau sur cette personne. Relisez ces cartes pour tirer le meilleur de l'employé.

—————— Épilogue ——————

Au lieu d'être agacé ou désorienté par les différences entre vos employés, réjouissez-vous de leurs particularités et de leurs sources d'inspiration uniques.

Personne ne remarque
ce qui est normal

Dans une société où l'information, les communications et la nouveauté occupent une si grande place, les entreprises « normales » doivent se battre pour se faire remarquer des clients. Il y a trop de concurrents « normaux » autour d'eux. Pour se démarquer de la foule des entreprises ordinaires, il faut être « visiblement différent » tout en conservant ce côté familier qui nous rassure.

Au Japon, le dernier article du menu des restaurants McDonald's, après les hamburgers, les frites et les boissons, est le sourire. Zéro yen. Comme l'indique l'enseigne, les préposés de McDonald's saluent les clients à la manière japonaise, en faisant la révérence traditionnelle, puis leur font un immense sourire et prennent leur commande. Cet accueil tranche avec les habitudes, devenues monnaie courante, des préposés qui vous regardent à peine et grognent au lieu de parler.

Explorez les grands et petits moyens de vous faire remarquer en rompant juste assez avec la tradition pour devenir « visiblement différent ».

Mandat

Sur une petite carte, rédigez votre énoncé de mission sur la différence : être visiblement différent tout en conservant le côté familier qui rassure les gens. Commencez par encourager vos collègues à imaginer et mettre en pratique des petits gestes que les autres remarqueront et dont ils se souviendront. Chaque contact avec les clients doit être pour vous une occasion de vous faire remarquer. Trouvez et mettez en application au moins une idée par semaine. Consignez les idées et récompensez les employés qui les ont eues.

——————— Épilogue ———————

Soyez différent, mais pas trop, car vous risqueriez de bouleverser les habitudes rassurantes auxquelles tiennent les clients.

Les premières impressions sont déterminantes

Toutes les études prouvent que la période de 30 à 90 jours qui suit l'embauche d'un employé joue un rôle déterminant dans l'intérêt que celui-ci aura pour son travail. De fait, les premiers jours et même les premières heures sont peut-être plus importants qu'on ne le croit. Voici un moyen simple et efficace d'inspirer et de vous gagner un nouvel employé auquel vous tenez.

En acceptant son premier emploi de professionnel dans un cabinet d'experts-comptables après ses études, Bernard espérait avoir choisi le bon employeur. Mais il ne pouvait pas oublier que les nombreux petits emplois qu'il avait occupés jusqu'alors s'étaient révélés insatisfaisants, les promesses qui lui avaient été faites durant l'entrevue d'emploi et lors de l'embauche n'ayant pas été respectées. Il savait pertinemment que, dans presque tous les cas, ses premières journées de travail et ses premières impressions avaient été décevantes.

Quelle n'a pas été la surprise de Bernard lorsque, le lendemain de son embauche, il a reçu un colis par service de messagerie 24 heures ! Le colis contenait une lettre de bienvenue de son nouvel employeur, une brochure couleur présentant l'histoire et les activités de l'entreprise et quelques articles sur les réalisations les plus notables de celle-ci. Il contenait aussi, et c'était là l'attention la plus surprenante, un t-shirt portant le logo de la compagnie dans la taille et la couleur préférée de Bernard. Nul doute qu'il avait choisi le bon employeur !

Mandat

Interrogez vos collègues et glanez des renseignements sur ce que vous pouvez inclure dans la trousse d'accueil de votre nouvel employé. Nul besoin d'être une grosse entreprise ou une société internationale pour créer des premières impressions favorables. Concevez une trousse d'accueil et envoyez-la à chaque nouvel employé.

————— Épilogue —————

Pour donner une tournure favorable aux premières impressions, il faut renforcer le principe attestant que vous tenez au nouvel employé et que celui-ci apprécie qu'on le lui montre.

Embauchez des gagnants et congédiez les perdants

Tous les ouvrages, séminaires et recherches sur l'embauche et le congédiement portent en majeure partie (jusqu'à 80 %) sur les processus d'embauche. Cependant, il faut parfois se départir de certains employés pour continuer à motiver et diriger le personnel. Voici quelques idées pour mener à bien cette démarche souvent pénible.

Daniel est un chef de direction expérimenté et un consultant d'une grande perspicacité. Il explique que rien n'est plus difficile que de congédier une personne si vous êtes animé de la moindre compassion, et que seuls les imbéciles peuvent éprouver un quelconque plaisir à le faire. Voici quelques mises en garde à observer avant de licencier quelqu'un.

En congédiant un employé, vous envoyez un message très important à votre personnel. Si les employés estiment que cette personne mérite d'être licenciée, il n'y a pas de problème. S'ils pensent qu'elle ne devrait pas l'être, la situation est plus délicate.

Si vous répondez par l'affirmative aux trois questions suivantes, passez à l'action. Sinon, vous n'en avez pas encore fini…

Mandat

Écrivez les questions suivantes sur une petite carte et répondez-y avant de licencier un employé :

1. Avez-vous averti clairement et sans équivoque cette personne qu'elle serait licenciée si elle n'améliorait pas son rendement ?

2. Lui avez-vous demandé de remédier à sa mauvaise performance ? Vous devez avoir obtenu son accord et vous être assuré qu'elle était de bonne volonté.

3. Lui avez-vous offert votre aide ?

—————— Épilogue ——————

Il est parfois nuisible de vouloir garder son personnel à tout prix et de licencier un employé trop tard.

Ce que vous devez savoir

Quand on débute dans un nouvel emploi, on éprouve toujours un peu d'anxiété. En vous attelant dès le départ à réduire ce sentiment d'anxiété chez les nouveaux employés, vous leur communiquerez rapidement la motivation nécessaire pour exceller au travail.

Une société californienne a mis au point ce qu'elle appelle «la liste de ce que vous devez savoir». Il s'agit de tout ce que les nouveaux employés doivent savoir pour fonctionner correctement dans une entreprise, nouer des contacts avec leurs collègues et se mettre au travail dès le jour de leur arrivée.

La liste porte sur les moindres aspects de la vie au travail, qu'il s'agisse des endroits où on peut stationner sa voiture ou des étages où se trouvent les toilettes, et donne tous les détails sur les heures de travail, les pauses, les déjeuners et les jours de paie. Tous les nouveaux employés reçoivent un organigramme et prennent connaissance de la structure hiérarchique.

La liste donne aussi les noms des personnes auxquelles vous devez vous adresser si vous avez des questions ou un problème, et fournit tous les renseignements imaginables susceptibles d'intéresser les nouveaux employés. Quand le nouvel employé arrive, il parcourt la liste et apprend tant de choses qu'il est parfaitement capable de s'orienter tout seul à la fin de la première journée. Il en apprend plus en une journée qu'il pourrait en apprendre en un mois dans une autre entreprise.

Mandat

Sur quelques petites cartes, faites une liste de ce que les employés doivent savoir pour fonctionner avec succès dans votre entreprise. Faites circuler cette liste parmi tous les nouveaux employés. Elle les motivera, leur communiquera un sentiment de sécurité et les incitera à se joindre à votre équipe.

———— Épilogue ————

En adoptant une approche dynamique avec les nouveaux employés, vous les aiderez à surmonter leur crainte de poser des questions.

Investissez dans la formation

Vous avez le choix entre percevoir la formation comme un investissement, et alors permettre à vos employés de réaliser leur plein potentiel, ou comme une dépense inutile, et par là même condamner vos employés à stagner.

Clara a été à la fois emballée et flattée lorsque sa patronne l'a invitée à un congrès de sciences infirmières qui se tenait dans une grande ville américaine. Certes, la perspective de prendre quelques jours de congé, de visiter un endroit inconnu et d'être nourrie et logée sans frais ne lui déplaisait pas, mais c'était le fait que sa patronne lui accorde assez d'importance pour investir dans son perfectionnement qui la touchait le plus.

Si vous considérez que la formation, l'apprentissage et la mobilisation de ressources pour votre personnel constituent des dépenses, vous êtes probablement trop peu généreux pour aider vos employés à se perfectionner. Si vous considérez que tout cela constitue un investissement dont vous profiterez à de nombreux égards, vous accepterez probablement sans sourciller de faire cet investissement qui aidera les gens à donner le meilleur d'eux-mêmes.

Mandat

À compter d'aujourd'hui, choisissez avec soin les mots que vous utilisez pour parler de l'argent que vous consacrez au perfectionnement des employés. Quand vous parlez d'études, de formation ou de ressources destinées à vos employés, expliquez très clairement que vous faites un investissement. Passez en revue les petites cartes individuelles consacrées à vos employés (et à ce qui les motive) et ajoutez-y une note indiquant de quelle manière vous miserez sur eux durant l'année à venir.

—————— Épilogue ——————

Un patron prétendait qu'il ne voulait pas investir dans ses employés parce qu'il craignait qu'ils ne deviennent trop intelligents et ne le quittent. Un concurrent lui a répondu : « Vous préférez qu'ils ne vous quittent pas et qu'ils restent ignorants ? »

Des chevaux et des hommes

Selon les plus grands spécialistes, lorsque vous sélectionnez des candidats, vous devez analyser avec soin deux grands éléments. Le premier, c'est la performance passée de la personne que vous projetez d'embaucher. Le deuxième, c'est l'environnement de travail dans lequel elle a évolué, car les diverses compagnies où elle a travaillé ont façonné son attitude, son éthique professionnelle, ses valeurs et ses principes. On fait souvent le parallèle entre la sélection d'employés talentueux et le choix de bons chevaux de course.

Timely Gift venait d'un hippodrome de Chicago où il avait fracassé tous les records. C'était un cheval issu d'une haute lignée de géniteurs, et j'étais absolument certain qu'il ne pouvait être battu par aucun des autres chevaux qui participaient à la course. Mais tenez-vous-le pour dit : les performances passées et la qualité de la race ne sont garantes de rien. Mon cheval n'est arrivé qu'en quatrième position. C'est la dernière course de chevaux sur laquelle j'ai parié. Aujourd'hui, je préfère encore parier sur les gens.

Pendant que vous interrogez les candidats, essayez de vous faire une idée claire de ce qu'ils ont réalisé jusque-là. Faites-les parler de leurs succès et des projets dont ils sont fiers. Ne vous entretenez pas de situations hypothétiques, mais de faits réels et bien concrets. Essayez ensuite de vous imprégner de l'atmosphère et de l'environnement dans lesquels ils ont travaillé jusqu'à présent. Travaillaient-ils sous pression ou dans la détente ? Leur approche est-elle compatible avec votre culture d'entreprise ? Tous ces détails ont leur importance. Pour voir vos candidats de l'intérieur, vous devez « entrer dans leur tête ».

Mandat

Écrivez les mots « Performances passées et atmosphères vécues » sur une petite carte. Relisez cette carte avant d'entreprendre une entrevue d'emploi pour vous rappeler que vous devez aller plus en profondeur et voir le candidat de « l'intérieur ».

—————— Épilogue ——————

Les personnes que vous embaucherez auront les qualités que vous leur découvrirez et le leadership que vous leur donnerez.

La discrimination existe encore

Tout le monde le fait. Vous, moi et le troisième voisin. Tout le monde fait de la discrimination. Malgré toutes les lois locales, provinciales et fédérales qui nous l'interdisent, nous n'hésitons pas à faire de la discrimination pour embaucher les candidats qui nous semblent les plus talentueux et écarter tous les autres.

Robert Yates, qui est l'un des plus grands spécialistes du recrutement, recommande de nous guider sur les trois questions suivantes pour retenir ou rejeter des candidats potentiels :

1. Le candidat peut-il faire le travail ?

2. Le candidat veut-il faire le travail ?

3. Le candidat peut-il être dirigé durant le travail ?

Tout ce que vous ferez durant le processus d'embauche, de l'entrevue au contrôle des références, doit dépendre des réponses à ces trois questions. C'est seulement lorsque vous y répondrez de manière absolument affirmative que vous pourrez envisager d'offrir un poste à un candidat potentiel.

Mandat

Sur une petite carte, écrivez les trois questions énoncées ci-dessus. Relisez cette carte durant le processus d'embauche pour vous assurer que vous prenez la bonne décision.

Épilogue

Il arrive qu'un nouvel employé, même s'il était le meilleur candidat, ne convienne pas à votre entreprise, et qu'il ne cadre pas avec votre culture, votre équipe ou votre style de gestion.

32

Soyez l'aimant qui attire les aimants

Il est prouvé que les meilleures entreprises acquièrent leur renommée en offrant les meilleurs produits et les meilleurs services aux meilleurs clients. Cette formule agit comme un aimant qui attire à son tour les meilleurs employés. Voilà un truisme qui ne se dément jamais, quel que soit l'organisme ou l'entreprise.

Alexandre était un jeune travailleur de la construction assez rare dans une profession où pullulent souvent des hommes barbus et chevelus qui ne s'embarrassent pas de manières et empestent le tabac. Le soin qu'il apportait à ses travaux de charpenterie n'avait d'égal que ses manières polies et avenantes et la confiance qu'il inspirait. Ses compétences sautaient aux yeux et les employeurs se l'arrachaient même lorsqu'il ne cherchait pas de travail. D'une compagnie à l'autre, il finit par décrocher le contrat de construction dont tous ses collègues rêvaient.

Inversons cette situation. Donnez-vous pour objectif d'être l'employeur pour lequel les meilleurs employés veulent travailler. Offrez la meilleure formation, le meilleur milieu de travail, le meilleur salaire et les meilleurs avantages sociaux possibles. La plupart des employeurs ont malheureuse-ment tendance à offrir le moins possible, si bien qu'ils se retrouvent souvent avec des employés plus qu'ordinaires.

Mandat

Sur une petite carte, énumérez les principaux attributs du « meilleur employeur ». Songez à ce que vous pouvez faire (peut-être peu à peu) pour devenir cet employeur. Établissez un plan d'après votre liste. Une fois que vous aurez atteint ce statut, engagez uniquement les meilleurs employés.

—————— Épilogue ——————

Le meilleur attire le meilleur. Soyez le meilleur employeur, et vous vous attirerez les meilleurs employés.

33

Recruter n'est pas faire valoir

Tout employeur qui fait passer des entrevues d'emploi à un candidat a probablement regretté un jour d'avoir tenté de mettre son entreprise en valeur au lieu de laisser le candidat faire valoir ses compétences et le con-vaincre. Nous consacrons bien souvent une trop grande partie de l'entre-vue à parler du poste et de la compagnie, et négligeons d'explorer les qualifications du candidat pour le poste à combler. À compter d'aujour-d'hui, faites le contraire.

Richard était si emballé par la compagnie qu'il avait fondée qu'il dirigeait toujours ses entrevues d'emploi de la même manière. Il vantait les qualités de son équipe et suscitait le très vif intérêt du candidat pour le poste, mais il omettait totalement certains aspects, comme les qualifications du candidat, son éthique professionnelle, ses comportements et ses capacités d'assumer les responsabilités du poste. Il lui a fallu plusieurs expériences négatives pour comprendre enfin qu'il fallait trouver la bonne personne pour le bon poste et qu'il fallait pour cela poser des questions et écouter…

Mandat

Sur une petite carte, écrivez une liste de questions à poser au candidat. Lisez cette carte avant chaque entrevue d'emploi. Voici quelques exemples de questions :

- **Parlez-moi de l'une de vos réussites professionnelles les plus importantes. Pourquoi était-elle importante ? Comment y êtes-vous parvenu ?**

- **Parlez-moi d'un problème important que vous avez récemment résolu. Comment l'avez-vous résolu ?**

- **Pouvez-vous me donner quelques exemples personnels qui montrent que vous pouvez vous adapter à différents types de situations, de personnes et d'environnements ?**

- **Parlez-moi d'un objectif important que vous vous êtes fixé dans le passé et dites-moi comment vous l'avez atteint.**

- **Vous est-il arrivé de ne pas être vraiment satisfait de votre performance ? Qu'avez-vous fait à ce propos ?**

———— Épilogue ————

L'entrevue d'emploi est l'exemple même de la situation où il faut soigneusement peser ses paroles.

Investissez en vous-même

Le regretté Kop Kopmeyer, président de la Success Foundation, m'a envoyé un jour ce qui semblait être un certificat d'actions (semblable à ceux que reçoivent les détenteurs d'actions cotées à la Bourse de New York, par exemple). Le certificat était joliment encadré et portait le titre « Votre certificat d'autoactions ». Voici ce qui y était inscrit :

> Ceci certifie que vous détenez un million d'actions dans votre propre personne. Ce certificat de confiance en vous atteste que vous consentez à adopter immédiatement et à pratiquer régulièrement les 121 idées qui vous permettront d'atteindre l'objectif de vie que vous vous êtes fixé.

> Il n'existe pas de meilleur investissement que celui que vous pouvez faire dans votre personne. Le rendement que vous en retirerez ne se compare à aucun autre. Personne n'achète d'actions de quelque marché que ce soit sans avoir confiance en ce qu'il en retirera. En achetant des outils de savoir, vous achetez des actions de vous-même. Vous prouvez que vous avez confiance en vous.

En achetant des actions de vous-même et en prouvant que vous avez confiance en vous, vous ferez le premier pas pour obtenir tout ce que vous voulez dans la vie.

Si vous ne vous occupez pas de vous, si vous n'enrichissez pas vos ressources mentales, spirituelles et physiques, vous ne valez rien pour personne. Vous ne valez rien pour les gens que vous aimez ni pour la personne avec qui vous partagez votre vie, et vous ne valez rien non plus pour votre famille, vos amis et vos collègues. C'est pourquoi toute amélioration que vous apportez à votre vie doit être considérée comme un investissement, l'investissement le plus important qu'il vous est donné de faire.

Mandat
Pas de petite carte, cette fois. Créez votre propre certificat d'actions et accrochez-le à un mur de votre bureau.

———— Épilogue ————
Vous occupez-vous des personnes auxquelles vous tenez ? Bien sûr. Alors pourquoi ne pas vous occuper aussi de vous-même ?

Investissez dans votre équipe

Un de mes professeurs de psychologie pouvait parler pendant des heures de la loi du transfert, cette loi en vertu de laquelle nous ne pouvons pas communiquer de bons sentiments aux autres si nous ne les éprouvons pas nous-mêmes. «Vous ne pouvez pas donner quelque chose que vous ne possédez pas, pas plus que vous ne pouvez revenir d'un endroit où vous n'êtes jamais allé », disait-il. Vous devez prendre soin des gens qui prennent soin de vous.

Si vous voulez que les employés prennent soin de vos clients, vous devez prendre soin d'eux. L'empathie crée l'empathie. Chaque fois que vous communiquez avec un employé, un cadre ou un membre de votre équipe, pensez aux sentiments que vous souhaitez le voir éprouver. Pensez aussi aux sentiments que vous souhaitez le voir transmettre à vos clients. En lui communiquant les sentiments que vous souhaitez le voir transmettre aux autres, vous l'entraînerez dans la loi du transfert. Les gens se sentiront presque obligés de communiquer ces sentiments et se sentiront pratiquement coupables de ne pas le faire.

Mandat

Créez une série de petites cartes sur lesquelles vous écrirez «empathie» en caractères gras. Affichez ces cartes partout où les gens communiquent entre eux (réception, téléphones, comptoirs, etc.). Ces cartes leur rappelleront que l'empathie est une disposition d'esprit contagieuse. N'oubliez pas d'afficher une carte dans votre bureau!

——— Épilogue ———

«Tu récolteras ce que tu auras semé», mentionne la Bible à plusieurs reprises. Demandez-vous sur quels principes s'appuie cette pensée.

Investissez dans votre clientèle

Prenez soin de vos clients, et vos clients prendront soin de vous. Le spécialiste de la motivation Zig Ziglar a dit la même chose en d'autres termes : «Pour obtenir ce que vous voulez, aidez les gens à obtenir ce qu'ils veulent.» Herb Wardlow, l'homme qui a fait de Kmart le plus grand détaillant des Amériques avant d'être détrôné par les nouveaux arrivants, le formulait ainsi : «Découvrez ce que les gens veulent et donnez-leur… un peu plus.» Autrement dit, donnez aux gens davantage que ce qu'ils attendent, faites-le sciemment, et ces mêmes gens reviendront chez vous. Vous pouvez aussi suivre une deuxième règle pour prendre soin de votre clientèle : « Fais aux autres ce qu'ils voudraient qu'on leur fasse. »

Si on synthétise toutes ces citations, on aboutit à un énoncé très simple : « Découvrez ce que les gens veulent, aidez-les à l'obtenir, ajoutez-y quelque chose de plus, et vous obtiendrez un succès au-delà de toute attente. »

Mandat

Sur une petite carte (s'il vous en reste !), écrivez ceci : « Prenez soin de vos employés et de vos clients, et ils prendront soin de vous. » Placez cette carte dans un endroit où vous pourrez la voir tous les jours. Si vous prenez soin de votre équipe et qu'ensemble vous prenez soin de vos clients, les clients prendront à leur tour soin de vous.

—————— Épilogue ——————
Prenez soin de vos employés et de vos clients, et le reste coulera de source.

37

Faites-leur une bonne réputation

Imaginez que vous êtes un athlète olympique et que le monde entier a les yeux tournés vers vous. Votre réputation et les attentes de votre public vous insuffleront la force nécessaire pour donner le meilleur de vous-même. Le même principe peut vous aider à motiver et à inspirer vos employés.

Sandra, qui supervisait avec fierté une équipe d'employés remarquables, faisait souvent visiter les bureaux de son entreprise à des fournisseurs et des concurrents. Elle aimait montrer les nouvelles installations de pointe et expliquer pourquoi son équipe avait une telle réputation d'efficacité et de productivité. Durant ses visites, elle s'arrêtait à plusieurs reprises devant tel ou tel employé, vantait ses mérites et expliquait à haute voix ce qui en faisait une ressource exceptionnelle. Les employés rougissaient de plaisir.

Le renforcement positif des bonnes performances donne des résultats concrets — surtout lorsqu'on le pratique devant un public.

Mandat

Créez une nouvelle série de petites cartes (une par employé ou membre d'équipe). Écrivez au moins deux caractéristiques de performance positive de l'employé. À l'aide de ces cartes, faites-vous un devoir de souligner publiquement ces caractéristiques au moins une fois par semaine pour chaque employé. Faites-le devant les autres membres de l'équipe et les clients.

—————— Épilogue ——————

Prenez l'habitude de vanter publiquement les mérites de vos employés chaque fois que l'occasion se présente, surtout en présence d'étrangers. Vous en ferez de véritables athlètes olympiques.

« Puis-je être leur ami ? »

À titre de conférencier et de consultant professionnel, je dois souvent répondre à la question suivante : « Pouvons-nous vraiment être amis avec nos employés et nos subordonnés ? » Je réponds que oui, mais qu'il faut d'abord définir ce que nous entendons par amitié.

J'aimerais croire qu'il est essentiel d'être amis avec ses employés. Un chef d'entreprise avait l'habitude de porter une casquette de base-ball noire sur laquelle étaient brodés deux mots. En haut, on pouvait lire « Ami » et en bas, « Patron ». Quand il devait rencontrer un employé en privé pour lui parler de son rendement, il portait sa casquette. Il commençait par dire à l'employé qu'il le considérait comme un ami, mais qu'il avait une autre obligation, et que cette obligation était d'être son patron. Il retirait alors sa casquette et déclarait que le moment était venu d'être le patron.

L'idée de la casquette a l'avantage de donner une image visuelle de la situation. La différence entre les deux relations devient visible quand on retire la casquette.

Mandat

Oublions nos petites cartes cette fois. Faites broder sur une casquette de base-ball les deux mots qui vous conviennent le plus : patron, superviseur, gestionnaire ou chef de service, et ami.

——————— **Épilogue** ———————

Les relations les plus marquantes que vous avez avec vos employés sont de nature personnelle. Vous devez être ami avec eux, mais vous devez aussi être leur patron.

39

Au tapis, la mémoire sélective !

Rien n'inspire, n'encourage et ne motive plus les employés qu'un patron qui respecte à la lettre ses engagements concernant les révisions salariales, les avantages sociaux et les évaluations du rendement. Inversement, rien n'est plus blessant ni décourageant qu'un patron qui semble toujours oublier ses promesses.

Chaque fois que Marie rencontrait Jean, son employé, pour revoir avec lui son salaire, ses avantages sociaux et son rendement, elle s'étonnait des différences entre leurs souvenirs respectifs de leurs précédentes conversations. Il lui semblait que Jean «gonflait» toujours les chiffres et lui attribuait beaucoup plus de promesses qu'elle n'en faisait. Marie a fini par se demander si Jean n'avait pas une mémoire sélective et n'abusait pas de sa tendance à oublier ce dont ils convenaient, ce qui était d'autant plus facile qu'elle ne prenait jamais de notes.

Marie sentait que Jean et d'autres employés profitaient de son désir d'être équitable et respectée. Lors de la rencontre suivante, elle a apporté deux grands changements. En premier lieu, à la fin de la réunion, elle a récapitulé avec Jean tout ce qui s'était dit durant la réunion, en a pris note et l'a mis au courant qu'elle joignait les notes au dossier. En deuxième lieu, elle a demandé à Jean de la contacter pour la prochaine évaluation du rendement, de manière à lui faire porter la responsabilité de leurs réunions.

Mandat

Sur une petite carte (une par employé), inscrivez la date de chaque entrevue d'évaluation avec l'employé et notez ce qui a été convenu et promis par chaque partie. Notez la date de la prochaine réunion. Photocopiez les cartes et faites-en parvenir un exemplaire à chaque employé. Conservez la carte comme référence pour la prochaine réunion. Achetez une boîte pour ranger les fiches des employés.

——— Épilogue ———

Pour inspirer vos employés, il ne suffit pas de vous souvenir de vos paroles et de vos promesses. Il faut aussi les respecter.

On ne peut être équitable avec tout le monde

Les employeurs, les parents et les politiciens le savent bien : il y aura toujours quelqu'un pour dire qu'une décision n'est pas juste pour tel groupe ou telle personne, ou encore qu'elle ne tient pas compte de tel ou tel argument. Si on vous a déjà adressé ce genre de critique, ne vous en faites pas.

Sébastien ne se rendait pas compte que ses employés le manipulaient à leur gré lorsqu'ils se plaignaient de ses décisions sur les mutations, les salaires et les évaluations de rendement tout en proclamant ouvertement qu'elles n'étaient pas équitables. Toujours pris entre deux feux, il essayait constamment de rationaliser et de justifier ses décisions. Il a enfin trouvé la solution à son problème en assistant à une conférence dont la teneur se résumait ainsi : « L'équité est une notion subjective ; chaque personne en a une définition différente. »

Si vous essayez d'être équitable avec tout le monde et dans toutes les situations, vous ne réussirez jamais à prendre des décisions définitives. Il y aura toujours quelqu'un pour vous dire que vous n'avez pas été juste à son égard ou que votre décision n'était pas équitable. Vous devez apprendre à tolérer ces critiques et à passer outre.

Mandat

Sur une petite carte, énoncez les quatre points suivants. Relisez-les quand vous devez annoncer et expliquer une décision mettant en jeu vos employés.

1. **J'ai pesé le pour et le contre des faits et des circonstances qui touchent cette situation (ou ce problème).**

2. **J'ai parlé de cette situation (ou de ce problème) à un grand nombre d'entre vous avant de prendre ma décision.**

3. **J'ai tenu compte des intérêts de l'entreprise et de vous tous en prenant cette décision.**

4. **J'ai pris la décision qui concilie le mieux les intérêts de toutes les parties et je n'y reviendrai pas.**

——— Épilogue ———

Quand vous prenez des décisions difficiles, consultez toutes les personnes concernées. Tenez compte de leurs commentaires pour prendre votre décision, mais une fois que vous l'avez prise, n'y revenez plus.

Oui, ils peuvent le faire !

En tant que dirigeant, vous devez assumer une multitude de rôles et de fonctions. Vous devez être entre autres un leader inspirant qui persuade les employés de leur capacité d'accomplir ce qu'ils désirent.

Les spécialistes en psychologie de la motivation nous disent qu'à notre naissance, nous n'avons que deux peurs : celle des chutes et celle des bruits violents. Toutes les autres peurs sont conditionnées par nos échecs et par les convictions que nous ont inculquées les autres. C'est ce que les psychologues appellent les « convictions contraignantes ». Si vous voulez inspirer vos employés, devenez le dirigeant qui persuade les gens de leur capacité d'entreprendre et de réaliser des choses. Parlez-leur de ce qu'ils peuvent accomplir plutôt que de ce qu'ils ne peuvent pas accomplir.

Dites aux gens ce qu'ils peuvent faire, encouragez-les à le faire et félicitez-les quand ils le font. Plus vous encouragerez vos employés à briser le cercle des convictions contraignantes qui les empêchent de réaliser pleinement leurs capacités, plus ils deviendront efficaces et productifs.

Mandat

Sur une petite carte, écrivez la phrase : « Ils peuvent le faire. » Affichez-la bien en vue pour vous rappeler que vous faites partie des dirigeants qui révèlent aux employés ce qu'ils peuvent faire.

———— Épilogue ————

Puisque toute capacité est question de volonté, ne donnez à vos employés aucune excuse d'échouer. S'ils invoquent des excuses, rappelez-leur ce que sont les convictions contraignantes et encouragez-les à les dépasser.

La différence est une force et non une faiblesse

Savez-vous qui sont les gens que nous prenons pour modèles ? Savez-vous qui sont les gens que nous percevons comme des champions ? Vous avez vu juste : ce sont les gens qui nous ressemblent le plus. Les gens qui nous ressemblent le plus nous attirent davantage et ceux qui nous ressemblent le moins nous attirent moins. Mais apprendre à accepter les autres tels qu'ils sont peut être fort bénéfique pour inspirer les personnes qui ne nous ressemblent pas.

Répondant à une question qui lui était posée durant une entrevue, un directeur des ventes réputé pour le savoir-faire dont il faisait preuve dans ses relations avec les autres affirmait : « Je sais que je suis un excellent directeur des ventes parce que je suis meilleur que tous ceux et celles qui travaillent pour moi, mais je n'en fais plus de cas depuis longtemps. Je sais que les personnes différentes de moi n'abordent pas les gens de la même manière que moi. C'est ainsi : personne n'a tort et personne n'a raison. » Quoi de plus évident ?

Intéressez-vous aux caractéristiques individuelles et aux points forts des gens. Les personnes qui sont très différentes de vous sont parfois celles qui vous apportent le plus. En acceptant les gens tels qu'ils sont et en les invitant à ne se mesurer qu'à eux-mêmes, vous les inspirerez au-delà de toute attente.

Mandat

Sur une petite carte, écrivez : « Les gens sont différents les uns des autres. La différence est une force et non une faiblesse. » Relisez cette carte de temps à autre pour vous remémorer l'importance de nos différences.

—————— Épilogue ——————

« Les gens sont ce qu'ils sont et resteront toujours ce qu'ils sont », disait un sage professeur. On ne change pas la personnalité profonde des gens.

Les 3 facteurs d'une synergie d'équipe immédiate

Pour obtenir des résultats, vous devez stimuler l'esprit d'équipe dans toute sa force. Vous aurez beau transformer votre style de leadership, accroître le nombre de programmes et expérimenter de nouvelles solutions, vous ne pourrez jamais réaliser vos objectifs si vous n'insufflez pas à vos employés le désir de travailler ensemble.

En achetant 12 entrepôts de distribution de pièces électriques, Hans savait que les choses ne seraient pas faciles. De ces entrepôts, deux procuraient de minces profits, huit faisaient leurs frais et deux autres accusaient un déficit tel que Hans songeait sérieusement à s'en défaire. Au lieu d'opter pour cette dernière solution, il a décidé de mettre en œuvre trois stratégies qui font travailler les membres d'une équipe à l'unisson.

En premier lieu, il s'est attaché à déterminer l'*ennemi commun*. Dans son cas, il a choisi le domaine très vaste des questions internes, comme les commandes égarées, les retards de livraison et les erreurs administratives. Il a invité tous les employés à faire équipe pour éliminer ces problèmes.

En deuxième lieu, il a amené ses employés à se fixer des *buts communs*. Il a immédiatement adopté l'idée d'une exécution de commandes exacte à 100 % tous les jours. Il a exhorté l'équipe à atteindre cet objectif et, en

60 jours, celle-ci est parvenue à atteindre un taux d'exactitude de 98,5 %, ce qui était une énorme amélioration. Les entrepôts de Hans ont grandement bénéficié de l'atteinte de ce but commun et, surtout, de la mobilisation de tous les membres de l'équipe pour l'atteindre.

En troisième lieu, Hans a célébré les *victoires communes*. Son objectif principal était la rentabilité de tous ses entrepôts. Il a acheté un barbecue portatif qu'il a installé sur une remorque accrochée à sa voiture. Il a convenu avec tous les employés de ses entrepôts qu'ils atteindraient la rentabilité en s'attaquant aux ennemis communs et en réalisant les objectifs communs. Chaque fois qu'un entrepôt effectuait une opération rentable, Hans se déplaçait personnellement avec son barbecue portatif pour célébrer la victoire de l'équipe et préparer le dîner.

En un an, les 12 entrepôts de Hans sont devenus rentables et deux d'entre eux ont même réalisé des gains considérables.

Mandat

Sur une petite carte, écrivez : « Ennemi commun, buts communs, victoires communes. » Affichez cette carte à la sortie de votre bureau pour vous remémorer cette stratégie de création d'un esprit d'équipe.

—————— Épilogue ——————

Pour inspirer une équipe ou un groupe, songez aux trois éléments qui mettront vos employés sur la même longueur d'onde : ennemi commun, buts communs, victoires communes.

L'énergie à la base de la mobilisation

Il y a trois façons de mobiliser des troupes : la menace, la promesse de récompenses et la capacité d'inspirer. Chacune mise sur une source d'énergie particulière. Voyez comment chacune de ces manières fait réagir vos troupes.

La menace peut pousser les gens à agir parce qu'elle fait naître la peur en eux. Si vous leur faites suffisamment peur (« Je te congédie si… », « Tu n'auras pas ta prime si… », « Je te donne le quart de nuit si… »), la majorité des employés obtempéreront et feront ce que vous souhaitez leur voir faire. Le problème, c'est qu'ils risquent ensuite de nourrir du ressentiment à votre égard ou de saboter le travail. Dans un climat de peur, les gens ont davantage tendance à se protéger qu'à faire des pieds et des mains pour aider leur organisation à prospérer. L'énergie créée est négative.

L'appât du gain peut suffire à générer suffisamment d'énergie chez un employé pour qu'il s'engage à faire ce que vous attendez de lui. La promesse d'une augmentation de salaire, d'une quelconque prime ou d'un avantage spécial crée une énergie positive qui amène les gens à redoubler d'ardeur tant que vous êtes en mesure de respecter vos engagements. Le problème, c'est que les gens travaillent alors pour la récompense et non pour vous aider à atteindre vos objectifs. Ils ne se sentent pas davantage engagés dans l'organisation, et il y a fort à parier que le jour où vous ne serez plus en mesure de les récompenser, ils regarderont ailleurs.

La capacité d'inspirer est une source d'énergie qui ne repose ni sur la crainte ni sur l'appât du gain, mais sur le désir des personnes que vous dirigez à s'impliquer dans l'atteinte des objectifs organisationnels. Cette énergie positive naît quand vous devenez un véritable leader, quand vous mettez en pratique les idées présentées dans ce livre. Lorsque cela se produit, les gens s'engagent pour le simple plaisir de relever des défis et de se retrouver dans une équipe performante, dans une équipe où ils se sentent bien. C'est cette source d'énergie qu'il vous faut libérer.

Mandat

Réfléchissez. Quelle sorte de motivation avez-vous envie de donner à vos employés ? Laquelle vous ressemble le plus ? Laquelle aura de meilleurs résultats ? Une fois votre choix effectué, transformez votre façon de voir en gestes concrets.

———— Épilogue ————

La peur et l'appât du gain peuvent vous servir à court terme, mais c'est votre capacité d'inspirer qui vous permettra de faire passer votre organisation à un échelon supérieur.

45

Tout est question de résultats

L'information, c'est le pouvoir. C'est ce que nous inculquent les écoles de commerce depuis des dizaines d'années. Mais s'il est vrai que l'information est extrêmement importante, le véritable pouvoir vient de l'usage que nous en faisons. C'est seulement en mettant en application l'information que nous possédons que nous obtenons des résultats. Sans information, vos employés ne pourront jamais obtenir de résultats.

Jan Carlzon, l'homme qui a su transformer avec brio SAS Airways il y a quelques années, a dit ceci : « Les gens qui reçoivent l'information sont obligés d'en assumer la responsabilité, tandis que les gens qui ne reçoivent pas l'information n'ont aucun moyen d'en assumer la responsabilité. » De nos jours, les dirigeants doivent pleinement informer leurs employés pour les aider à prendre de bonnes décisions et à obtenir des résultats concrets.

Mandat

Sur une petite carte, écrivez : « Dire à mes employés tout ce que je sais aussitôt que je le sais. Plus ils en sauront, plus ils seront efficaces et productifs. » Glissez cette carte dans votre dossier de fiches aide-mémoire et revoyez-la une fois par semaine pour vous rappeler que vous devez constamment informer vos employés.

———— Épilogue ————

Pour inspirer vos employés, il faut en tout temps les impliquer dans vos projets. Ne cédez pas à la tendance de taire l'information sous prétexte qu'elle leur donnera trop de pouvoir. Les employés fourniront de meilleurs résultats s'ils savent ce que vous savez.

Une erreur fatale des gestionnaires

Vous voulez qu'un employé vous aide à résoudre un problème ou bien vous essayez de l'intéresser à l'un de vos projets, mais vous n'y parvenez pas. Dans ce cas, il se peut que vous fassiez l'erreur fatale commises par beaucoup de gestionnaires : vous exigez peut-être leur participation au lieu de la leur demander. Si vous tonnez et tempêtez sans obtenir de résultat, vous devez admettre que vous repoussez les employés au lieu de les attirer.

Charles-David aboyait ses ordres comme un caporal d'armée. Il commandait aux employés de faire ce qu'il voulait qu'ils fassent et ne reculait pas devant la coercition. Malheureusement, la plupart des gens qu'on essaie de contraindre ont tendance à se rebiffer. Charles-David ne comprenait pas qu'il ne fallait pas exiger mais demander aux autres de l'aider à résoudre les problèmes.

Il y a deux moyens d'empêcher que les gens éprouvent le sentiment d'être obligés de faire les choses. En premier lieu, vous devez leur décrire le problème, la situation et l'objectif avec le plus de courtoisie possible. N'essayez pas de les intimider en les rabaissant ou en les critiquant. Comme le dit Dale Carnegie, tous les imbéciles peuvent critiquer, accuser et condamner, et la plupart d'entre eux ne s'en privent pas.

En deuxième lieu, et c'est le plus important, utilisez le mot magique qu'est *aider*. Demandez aux gens de vous aider. Ils s'empresseront de répondre à vos demandes plus rapidement et plus consciencieusement que si vous les y contraigniez. William James, un grand spécialiste européen de la motivation, dit qu'il faut communiquer aux employés le « vouloir », et Dale Carnegie reprend la même idée en d'autres termes : « Instillez en eux la volonté de vous aider, et ils vous aideront. »

Mandat

Sur une petite carte, écrivez ceci : « Quand je veux qu'on fasse quelque chose ou lorsque j'ai besoin d'aide, je dois le *demander*. Ne jamais donner d'ordres. » Glissez cette carte dans votre dossier de fiches aide-mémoire et relisez-la au moins une fois par semaine.

——— Épilogue ———

Quand les gens savent que vous sollicitez leur aide et que leur participation est appréciée, ils sont beaucoup plus enclins à faire équipe avec vous que si vous les forcez à le faire.

Donnez aux petites réussites l'allure de grands exploits

Avez-vous déjà entendu des gens se plaindre des compliments ou des commentaires positifs qu'on faisait sur leur travail? J'en doute fort. La plupart des gens veulent et aiment qu'on les félicite. Tous les sondages indiquent qu'une des carences les plus fréquentes des gestionnaires et des superviseurs est de ne pas fournir suffisamment de feedback positif à leurs employés.

Marc-André était un propriétaire d'entrepôts prospère et très respecté dans le milieu des affaires. Une de ses techniques les plus fructueuses pour motiver les employés était de donner à de modestes réalisations la tournure de grands exploits.

Il n'est nul besoin qu'un employé réalise un exploit extraordinaire pour le féliciter. Les petits succès méritent eux aussi des louanges. Les employés sont plus portés à donner le meilleur d'eux-mêmes lorsqu'on apprécie leurs réussites, même modestes.

Mandat

Sur une petite carte, écrivez : « Saluer la performance. » Placez cette carte dans votre dossier de fiches aide-mémoire et relisez-la de temps en temps pour vous rappeler que, quelle que soit son importance, un travail bien fait mérite toujours des commentaires positifs.

———— Épilogue ————

Rendez hommage à toutes les réalisations de vos employés, aussi modestes soient-elles. Il suffit parfois d'un simple mot de remerciement.

Un mot à maîtriser : leadership

On dit que les gestionnaires font bien les choses alors que les leaders font les bonnes choses. Cette situation crée souvent un dilemme au sein de la direction. Vous devez obtenir des résultats, et vos revenus dépendent du rendement de vos employés, mais vous n'avez pas forcément envie d'être à leur merci. Il n'y a rien de drôle à être esclave d'une bande d'employés gâtés, paresseux et pleurnichards. Et vous ne pouvez même pas vous rassurer en vous disant qu'il suffit d'aimer vos employés pour que tout aille bien !

Vos employés vous demandent de les diriger. Ils attendent de vous que vous leur communiquiez une vision, que vous mobilisiez leurs forces, que vous leur insuffliez de l'âme et que vous leur transmettiez la flamme, l'audace et l'enthousiasme.

Colin Powell a dit du leadership que c'était l'art d'accomplir plus que ce que la science de la gestion juge possible. Personne n'aime travailler dans un environnement où il n'y a pas de règles et où tout est possible. Vos employés veulent et demandent une structure, et ils vous savent gré de la leur fournir. L'époque où vous vous appeliez directeur, patron ou superviseur est révolue. Vous êtes désormais un leader. Visualisez-vous à la tête d'un groupe. Représentez-vous comme celui qui conduit une foule en marche.

Mandat

Sur une petite carte, écrivez : « Diriger, suivre ou partir. » Affichez cette carte bien en évidence dans votre bureau ou à votre poste de travail. Elle vous rappellera constamment que vous êtes un leader.

———— Épilogue ————

Sans leadership, les employés sont démoralisés et démunis. Certains en viennent même à se désintéresser totalement de leur travail et à perdre toutes leurs capacités.

Courage plutôt que conformité

En tant que leader, vous devez vous frayer un chemin vers le succès dans un monde en perpétuel changement et instaurer ordre et discipline sans détruire la souplesse et la créativité dont vos employés ont besoin. C'est à vous qu'incombe la tâche de tracer une ligne de démarcation claire entre chaos, créativité et bon sens.

En acceptant la direction de Goodyear, Stanley Galt savait qu'il héritait d'une compagnie déficitaire. Les comptes basculaient dangereusement dans le rouge. Stanley Galt a eu immédiatement la présence d'esprit et le courage d'affecter tous les employés de Goodyear à la vente de pneus. Tout le monde s'est mis à sillonner le marché à la recherche de détaillants, petits et gros, qui pouvaient vendre des pneus Goodyear.

À titre de PDG, Stanley Galt a pris l'habitude de passer tous ses samedis matin chez un concessionnaire de pneus pour se tenir au courant des besoins et des attentes des clients. Il a eu le courage de briser les règles, de solliciter des clients qu'on lui déconseillait d'approcher et de s'en tenir à son plan de match. En un an, il a réussi à redresser les finances de la compagnie. Il a sorti celle-ci d'une impasse en adoptant une toute nouvelle approche.

Mandat

Sur une petite carte, écrivez : « Avoir le courage de lancer de nouvelles idées et les imposer. » Relisez cette carte une fois par semaine pour vous rappeler qu'en tant que leader, vous devez embrasser de nouvelles idées afin de conduire votre équipe vers le succès.

———— Épilogue ————

Quand on a le courage de rompre avec la conformité et de faire les choses de manière différente, des expressions galvaudées comme amélioration et transition prennent tout leur sens.

Faites ce que vous dites

Les leaders doivent créer une vision commune des valeurs et de l'intégrité au sein de leur entreprise, et leur réputation doit être à l'image de l'entreprise tout entière.

Michaël, le PDG d'une compagnie manufacturière, apprend que son directeur des ventes a fait une erreur en calculant la prime de promotion promise à un client. Il demande combien il lui en coûtera pour tenir sa promesse. Le directeur des ventes l'informe que le client attend de cette promotion plusieurs milliers de dollars auxquels il n'aurait pas droit normalement. Michaël demande au directeur des ventes d'aller de l'avant et de payer le client, puisqu'il lui a promis cette promotion et qu'il ne peut décevoir ses attentes.

Michaël ne s'est pas contenté de parler de valeurs ; il les a incarnées et il en a fait la démonstration aux yeux de tous : son directeur des ventes, le client et ses concurrents. Il sait qu'il ne récupérera jamais la somme qu'il a déboursée pour ce client, mais il sait aussi que cela fera honneur à sa réputation.

Montrer par l'exemple, ce n'est pas seulement parler. C'est aussi agir. C'est incarner et protéger les valeurs que vous jugez importantes pour votre succès et celui de votre entreprise.

Mandat

Sur une petite carte, écrivez : « Faire ce qu'on dit qu'on fera. » Relisez cette carte pour vous rappeler que vous êtes la référence à laquelle se mesurent les valeurs et les normes de votre équipe et que vous prêchez avantage par vos comportements que par vos paroles.

——————— Épilogue ———————

Les succès durables appartiennent aux personnes qui savent accorder leurs théories à leurs pratiques de leadership.

Adaptez-vous à leurs besoins

Les employés veulent plus que jamais avoir une plus grande diversité d'options en matière de salaires et d'avantages sociaux, et les plus talentueux d'entre eux veulent avoir la latitude voulue pour personnaliser leurs plans de rémunération avec leur employeur. Ils savent qu'ils peuvent trouver ailleurs un employeur qui leur permettra de le faire, et vous devriez le savoir aussi…

Une organisation commerciale annonce que le prix de son prochain concours de vente sera un voyage à Hawaii et qu'il sera décerné aux trois meilleurs vendeurs de l'organisation. Un des vendeurs en parle à sa femme. Cette nouvelle la contrarie beaucoup: les enfants ont besoin d'appareils dentaires, la voiture nécessite des réparations et il faut faire quelques rénovations chez eux. Plutôt que d'aller à Hawaii, elle préférerait avoir l'équivalent du prix en espèces. Mais le prix ne peut être modifié. Le vendeur décide alors de quitter l'entreprise pour une autre qui lui laisse choisir le prix qu'il désire. L'organisation a perdu un de ses meilleurs vendeurs.

Il est impératif que vous soyez au fait des règles et des règlements concernant les salaires et les avantages sociaux. Il y a aujourd'hui une grande variété d'options, et il serait utile que vous les connaissiez et les proposiez à vos employés si vous voulez les motiver et les fidéliser.

Mandat

Sur une petite carte, écrivez : «Être flexible en matière de salaires, d'avantages sociaux et de mesures incitatives.» Relisez cette carte avant l'évaluation des salaires et des avantages sociaux ou le lancement de programmes incitatifs. Rendez vos programmes assez flexibles pour conserver vos meilleurs employés.

——————— Épilogue ———————

En offrant aux employés des solutions qu'ils peuvent personnaliser et adapter à leurs besoins, ceux-ci auront davantage le sentiment d'être maîtres de leur travail.

52

Les modèles positifs : une règle pour tous

Il est impossible d'intéresser vos employés à vos plans sans leur participation et leur engagement. Mais une fois les règles établies et les plans mis en œuvre, il est essentiel que tout le monde suive vos lignes directrices pour donner à vos clients l'image la plus claire et la plus uniforme possible de votre entreprise.

Laurent arrive un jour au travail dans sa rutilante Harley Davidson. Il porte l'«uniforme» habituel des motocyclistes : pantalons en cuir et accessoires du même genre. Son patron le complimente sur sa moto et sur le travail qu'il a accompli pour gagner l'argent nécessaire, puis lui rappelle qu'il n'a pas beaucoup de temps pour rentrer chez lui changer de vêtements, enfiler l'uniforme de la compagnie et revenir au travail. «Vous voulez dire que je ne peux pas travailler habillé comme ça?» demande Laurent. Ce à quoi le patron répond gentiment, mais fermement: «Non, j'en suis désolé. Nous portons tous un uniforme dans cette compagnie, et il n'y a d'exception pour personne.»

Pour donner une image égale et constante de votre entreprise, vous devez être courtois, mais ferme et exigeant avec vos employés. Vous ne pouvez pas laisser n'importe qui décider de l'image, du logo, des couleurs ou des uniformes.

Mandat

Sur une petite carte, écrivez: «Expliquer gentiment mais fermement les normes et les attentes de l'entreprise.» Relisez cette carte de temps à autre pour vous rappeler que vous devez établir des normes et des exigences, puis les faire respecter avec courtoisie, mais fermeté.

—————— Épilogue ——————

Vous ne dirigez pas une démocratie mais une aimable dictature.

Tout le monde roule à votre vitesse

Dans les modèles de gestion d'antan, le leadership consistait à encourager les employés à se dépasser, quelles que soient les circonstances. Aujourd'hui, il s'agit surtout de donner à vos employés les outils nécessaires pour s'adapter au rythme et à l'intensité de leur travail. Vous devez savoir que, à titre de leader, vous êtes à la fois l'accélérateur et le frein de votre compagnie. La vitesse du leader, c'est la vitesse de toute l'équipe.

J'ai vécu de nombreuses années à Indianapolis, la ville de la course Indy 500. Chaque année, la course commence par le défilé des voitures pilotes qui font le tour de la piste. Elles sont suivies au même rythme par des voitures de course ultrarapides qui n'attendent que le moment de se lancer les unes à la suite des autres à une vitesse hallucinante. Il se trouve toutefois que, tant que dure le convoi, aucun de ces bolides n'a le droit de dépasser la vitesse des voitures pilotes sous peine de sanction.

Nous avons inventé les ordinateurs, les téléphones cellulaires, les ordinateurs de poche, la messagerie texte et, bien sûr, Internet. Les entreprises évoluent à une vitesse étourdissante. Vous devez savoir que la vôtre n'aura que la vitesse que votre leadership lui imprimera. Si vous voulez inspirer votre équipe, insufflez-lui un sentiment d'urgence à propos du travail à faire. Vos comportements et votre ardeur au travail doivent donner le ton et déterminer à quelle vitesse tout le monde roulera.

Mandat

Sur une petite carte, écrivez : « Par mon comportement et la manière dont j'accomplis mon travail, je fixe la vitesse à laquelle doivent se faire les choses. » Cette carte vous rappellera que votre équipe mesure sa vitesse à l'aune de la vôtre.

—————— Épilogue ——————

Demandez constamment à vos employés d'évaluer leur propre vitesse et aidez-les à accélérer s'il le faut.

Ne soyez pas de ceux qui croient tout savoir

Les leaders croient souvent à tort qu'ils doivent tout savoir et avoir réponse à tout. Or, dans le monde extrêmement complexe dans lequel nous vivons, aucun leader ne peut répondre à toutes les questions ni être expert dans tous les domaines. Une nouvelle question doit faire son apparition dans leur vie: «Qu'en pensez-vous?» Les leaders doivent se faire plus modestes et demander aux autres leur opinion.

Il m'est arrivé de travailler comme consultant pour un directeur de l'exploitation qui avait choisi de toute évidence la peur et l'intimidation pour diriger son entreprise. Les employés avaient peur de s'exprimer. J'en ai parlé à un autre consultant: «Voilà quelqu'un qui croit connaître le travail des autres mieux qu'ils ne le connaissent eux-mêmes», lui dis-je. Mon interlocuteur m'a répondu: «Oui, il connaît le travail de tout le monde, sauf le sien.» Ce cadre aurait pourtant eu beaucoup à gagner à ne pas être un de ceux qui savent tout.

Les gens sont à la fois flattés et motivés quand on sollicite leur opinion. Ne craignez pas de demander les commentaires des autres. Vous en avez besoin, et vous devez tout simplement l'admettre. C'est grâce à ces opinions que vous obtiendrez l'information nécessaire pour devenir un leader efficace.

Mandat

Sur une petite carte à relire toutes les semaines, écrivez : « "Qu'en pensez-vous ?" Les opinions et commentaires des employés me permettront d'être mieux informé, de comprendre davantage ce qui se passe autour de moi, d'inclure les autres dans mes décisions et d'être un leader plus efficace. »

———— Épilogue ————

C'est parmi vos employés que vous trouverez les vraies idées, les vraies réponses et la véritable inspiration.

4 questions fondamentales

Aujourd'hui, et plus que jamais, les employés veulent participer à la vie de leur entreprise et savoir comment ils s'en sortent. Ils veulent savoir s'ils avancent, s'ils reculent ou s'ils stagnent.

Un chef de division m'a confié un jour qu'il se sentait si abandonné par la direction qu'il avait parfois l'impression de se retrouver dans une sombre chaufferie où il pelletait du charbon pour alimenter les fours. L'entreprise lui demandait de pelleter de plus en plus de charbon pour faire marcher les chaudières, mais le laissait rarement sortir pour lui permettre de voir ce qui se passait ailleurs dans l'organisation. Il était encore plus rare qu'un cadre s'extirpe de son confortable bureau pour lui rendre visite.

Les employés exigent des réponses à 4 questions fondamentales :

1. Comment est-ce que je m'en sors ?
2. Vers où est-ce que je me dirige ?
3. Quel est mon rôle dans l'entreprise ?
4. Qu'est-ce que je retire du succès de l'entreprise ?

Votre rôle est de répondre à ces quatre questions aussi souvent et aussi précisément que possible. Ne présumez pas que vos employés connaissent les réponses. N'attendez pas qu'ils vous posent la question pour y répondre.

Mandat

Sur une petite carte à relire toutes les semaines, écrivez les quatre questions ci-dessus. Cette carte vous rappellera que les membres de votre équipe veulent des réponses à quatre questions et que vous devez les leur fournir.

─────── Épilogue ───────

Vous isolez vos employés en omettant de communiquer avec eux. Plus encore, ils ne verront pas cet isolement comme un simple manque de communication, mais comme une véritable punition.

56

Aucune culture d'entreprise n'est démocratique

Les bons dirigeants savent bien qu'une culture d'entreprise ne naît pas toute seule. Ce sont eux qui la façonnent et la créent. Ce sont eux qui décident à l'avance quels seront la vision, les valeurs et les principes auxquels adhérera leur entreprise. Une fois cette culture créée, ils la protègent jalousement et veillent à ce qu'elle s'incarne dans la moindre de leurs activités quotidiennes. Et vous ? Guidez-vous la culture de votre entreprise ou vous laissez-vous guider par elle ?

L'entreprise de Sven était au bord de la faillite. Le consultant auquel Sven a fait appel s'est rapidement aperçu que l'entreprise avait perdu toute direction et qu'elle avait complètement abandonné la culture, les valeurs et les principes qui avaient fait son succès. La principale tâche à laquelle devait s'attaquer Sven était de ressusciter la vision qui avait jusqu'alors inspiré son entreprise. Les employés lui ont apporté leur soutien et, dans les mois qui ont suivi, l'entreprise a réussi à survivre. Usant de toute son influence, Sven a veillé à ce que chacun des employés se réaligne sur la culture de l'entreprise.

La culture d'entreprise façonne et colore les attitudes, la philosophie et la réputation d'une compagnie. Les leaders incarnent cette culture dans leurs comportements et la font respecter par leurs employés.

Mandat

Vous souvenez-vous de la carte « Diriger, suivre ou partir » ? Cette formule s'applique aussi à cette situation.

——— Épilogue ———

Quel est le point commun de prestigieux leaders comme Jack Welsh, de General Electric, Walt Disney, de Disney & Company, et Ray Kroc, le fondateur de McDonald's ? Ils étaient tous trois les maîtres de la culture de leur société.

Sachez distinguer les règles des directives

Vos employés ont-ils la motivation et la liberté nécessaires pour faire leur travail en se servant autant de leur tête que de leurs muscles ? Si vous êtes de ceux qui ne voient dans la gestion qu'une série de règles, il se peut fort bien que vous les écrasiez et qu'ils perdent toute créativité et tout potentiel de croissance.

Quand Samuel a fait l'acquisition d'un magasin dont les affaires marchaient très bien depuis plus de 20 ans, sa première idée a été de mettre de l'ordre dans la gestion du magasin et d'instaurer des règles pour à peu près tout ce que devaient faire les employés. La gestion du magasin est devenue extrêmement rigide. Les employés ont rapidement eu l'impression d'être devenus des robots ou des prisonniers enchaînés à leur travail. Ils ne pouvaient plus prendre de décision. Tout le monde devait se rapporter à Samuel, et le seul fait de le consulter devenait un véritable cauchemar. Samuel passait en effet son temps à régler les crises en essayant de diriger seul le magasin tout entier. Ses employés ont commencé à le quitter. Et ses clients n'ont pas tardé à faire la même chose.

Dans la mesure du possible, allégez ce que vous appelez les règles, et instaurez à la place des directives que les employés pourront suivre sans en être esclaves. Rappelez-leur qu'ils sont intelligents, qu'ils savent ce qu'ils font et qu'ils prendront sûrement de bonnes décisions. Donnez-leur les moyens d'être vraiment créatifs en leur proposant des directives générales et non en leur imposant des règles rigides.

Mandat

Sur une petite carte, écrivez : « Transformer les règles en directives qui responsabiliseront l'équipe au lieu de la restreindre. » Passez à l'action. Donnez-vous pour objectif de revoir vos procédés et méthodes de manière à faciliter le travail de votre équipe au lieu de le limiter.

—————— Épilogue ——————

Il y a trop de variables et de situations différentes pour imposer des règles à propos de tout.

Technologie rime avec investissement

Au rythme où évoluent les technologies, il faut pratiquement être à l'affût des nouveautés jour et nuit. Et pour choisir parmi ces nouveautés celles qui vous donneront un véritable avantage par rapport à vos concurrents, vous devez faire preuve de beaucoup de discernement. Investir dans les nouvelles technologies n'est pas un travail de tout repos.

À Las Vegas, une imprimerie a pour principe de tester immédiatement tous les nouveaux équipements qui sont lancés sur le marché et de vérifier s'ils sont meilleurs que ceux qu'elle utilise. Si le nouvel équipement accroît sa productivité ou la qualité de ses services, elle l'achète immédiatement et se défait de son ancien équipement, même si celui-ci ne date que de quelques mois. Elle trouvera toujours acheteur.

L'entreprise adopte ce principe parce que, contrairement à de nombreuses autres imprimeries, elle a la réputation de fournir des travaux d'impression de très haute qualité et à la fine pointe de la technologie. En retour, elle obtient des contrats d'entreprises prestigieuses qui sont prêtes à payer un peu plus parce qu'elles savent que cette imprimerie utilise l'équipement le plus perfectionné du monde.

Quel effet cela a-t-il sur une équipe? C'est simple : si vous êtes à la fine pointe du progrès, elle le sera aussi. Cette attitude la motivera parce qu'elle aura le sentiment exaltant de travailler pour une entreprise différente de toutes les autres.

Mandat

Fixez-vous un budget consacré à l'acquisition automatique de nouvelles technologies. Créez un groupe de travail à cet effet afin que ce mandat n'incombe pas à une seule personne. Sur une petite carte, écrivez : « L'adoption précoce des nouvelles technologies est bénéfique pour les affaires, les profits et les employés. J'appuie cette idée. »

———— Épilogue ————

« Si vous n'achetez pas un outil dont vous avez besoin, vous finissez par le payer sans jamais vous en servir », disait Henry Ford.

Décapitez le serpent !

Il y a un grave danger à prendre prétexte d'une erreur, d'une infraction ou d'une négligence isolée ou attribuable à un seul employé pour punir la totalité du personnel. Une réaction disproportionnée ou une punition de masse ne serviront qu'à raidir vos employés et à détruire l'inspiration que vous vous efforcez de leur communiquer.

L'ancien candidat à la présidence américaine Henry Ross Perot, qui connaît bien General Motors pour lui avoir vendu sa propre entreprise, a déclaré être stupéfait de la manière dont cette société règle les problèmes et les situations. Pour General Motors, éprouver un problème équivaut à découvrir un serpent sur son chemin. La première chose que fait l'entreprise dans une telle situation, c'est d'embaucher un consultant qui étudiera les serpents. Elle crée un comité qui débat des serpents, et la direction se met en quête de tout ce qui ressemble de près ou de loin à un serpent. L'entreprise se met ensuite à déterrer tous les reptiles qu'elle trouve et les élimine un à un.

L'approche de Henry Ross Perot était bien différente. Si vous voyez un serpent, disait-il, il suffit de lui couper la tête.

Ce qu'il faut retenir de cet exemple, c'est qu'on doit se méfier des règles qui s'appliquent à des événements isolés ou qui sanctionnent tout le personnel alors qu'une seule personne en est responsable. Demandez-vous si le problème exige qu'on applique un règlement de grande envergure ou s'il suffit qu'on l'élimine d'un coup d'épée.

 Mandat

Sur une petite carte, écrivez : « Décapiter le serpent. Ne pas faire de règlement sur les serpents et ne pas se défaire de tous les gens qui se trouvent à proximité. » Relisez cette carte de temps en temps pour vous rappeler que vous pouvez régler des problèmes sans avoir recours à des sanctions collectives ou instaurer des règlements radicaux.

—————— Épilogue ——————

Vous avez tout avantage à ce que vos employés se sentent libres et dégagés des règles excessives.

Ne réglez pas les problèmes : évitez-les

Il vous est certainement arrivé de vous trouver dans une situation qui vous paraissait très simple au premier abord et qui a pris peu à peu une tournure cauchemardesque. Pensez à des situations comme le congédiement d'un employé ou les menaces d'un client, par exemple.

En tant qu'avocat, Antonio fournissait à ses clients d'affaires l'un des services les plus précieux qui soient : il leur rappelait constamment qu'il était plus facile d'éviter les problèmes que de les régler.

Ce qu'il voulait dire, c'est que, dès que vous avez le moindre soupçon de problème, vous devez téléphoner à votre avocat, votre comptable ou votre conseiller pour obtenir de l'aide avant que le problème empire. N'attendez pas d'être enlisé dans des sables mouvants pour demander une corde !

Mandat

Il est essentiel d'avoir accès à un nombre suffisant de bons conseillers. Sur une petite carte, écrivez les noms et numéros de téléphone de vos conseillers et placez cette carte en tête de vos fiches de référence. Si vous pensez qu'il vous manque une ressource importante, cherchez un nouveau conseiller. Vous devriez au moins avoir accès à un avocat, à un comptable, à un spécialiste des ressources humaines et à un spécialiste en gestion. Selon le marché dans lequel vous œuvrez, vous aurez probablement besoin d'autres types de spécialistes.

──────── **Épilogue** ────────

Il est préférable d'avoir des conseillers dont on n'a pas besoin que d'avoir besoin de conseillers qu'on n'a pas.

───────────────────────────────

61

Misez sur votre point fort : pas de mise à pied

Si vous avez la réputation d'offrir des emplois stables et de ne pas mettre à pied vos employés, vous bénéficiez d'un atout considérable pour embaucher, fidéliser et motiver votre personnel. C'est l'avantage des petites entreprises. David était petit, mais avait un avantage sur Goliath. Faites de même !

Jean-François avait beaucoup de difficulté à recruter de nouveaux employés parce qu'il ne pouvait pas s'engager à leur payer le tarif horaire que gagnaient leurs amis et collègues. Il offrait par contre un avantage important aux candidats : une fois engagés, ils étaient assurés de recevoir 52 chèques de paie et de ne pas être mis à pied, alors qu'un grand nombre de leurs amis dépendaient de l'assurance emploi parce que leur emploi n'était pas assez stable. Il a fait de cet avantage sa principale « signature » auprès des candidats et n'a pas manqué de le rappeler aussi à ses employés.

Mandat

Sur une petite carte, énumérez tous les avantages des petites entreprises : capacité de prendre rapidement des décisions, disponibilité de

la direction, accès aux ressources, etc. Référez-vous à cette carte pour faire valoir vos points forts aux nouveaux employés et pour rappeler à vos employés actuels qu'ils travaillent pour une bonne compagnie.

———— Épilogue ————

Dites à vos employés que vous *préférez* ne jamais avoir à les mettre à pied et que vous êtes pratiquement certain de ne jamais le faire s'ils collaborent avec vous.

Les gens vous imitent

Au cours des dernières années, les chercheurs ont beaucoup appris sur la manière dont les animaux élèvent leurs petits. La règle qui régit le monde animal est celle de l'imitation : les petits apprennent en regardant leurs parents. Leur éducation repose presque entièrement sur l'observation et l'imitation. En ce sens, les êtres humains ne sont pas bien différents des animaux.

Récemment, la bibliothèque de mon quartier a rouvert ses portes à l'issue de rénovations de plusieurs millions de dollars. À l'entrée de la bibliothèque, un panneau indique en grosses lettres qu'il est interdit de manger et de boire sur les lieux. La dernière fois que j'y suis allé, la préposée du comptoir de l'information, qui se trouve au beau milieu de la bibliothèque, traversait le hall en tenant à la main un verre de boisson gazeuse. Un préposé à l'entretien se promenait également un sac de croustilles à la main. Que devons-nous croire ? Le panneau, ou les gens qui représentent la bibliothèque ? Les gestes parlent davantage que les mots.

N'oubliez pas que presque tout ce que vos employés prennent pour modèle leur vient de vous. Ce qu'ils font, c'est ce qu'ils vous voient faire. Il est donc normal qu'ils se sentent désorientés lorsqu'ils vous entendent dire quelque chose et qu'ils vous voient faire autre chose. Vous êtes un modèle pour votre équipe. Vos actes doivent concorder avec vos paroles, et vice-versa.

Mandat

Sur une petite carte, écrivez la phrase «Les gens nous imitent» et affichez-la dans un coin de votre bureau pour vous rappeler que vous êtes le principal modèle de comportement pour vos employés. Ils feront ce que vous ferez. Si vous voulez qu'ils fassent les choses correctement, faites-les correctement aussi.

—————— Épilogue ——————

Vos employés cherchent et veulent un modèle. Ne l'oubliez pas : ils vous observent.

Ne repoussez pas vos décisions à plus tard

Il faut l'admettre : nous avons tous tendance à remettre à plus tard le moment où nous devons affronter les situations pénibles qui ont trait au personnel, comme les sanctions disciplinaires, les confrontations, les conflits de personnalité ou la nécessité de signifier à un employé son congédiement. Ces situations suscitent toujours de véritables dilemmes pour les responsables des ressources humaines. Le problème, c'est qu'il n'y a aucune décision tranchée et que la personnalité des protagonistes entre toujours en ligne de compte dans ce genre de situation.

Les médecins ont parmi d'autres obligations celle de s'assurer que les patients prennent leurs médicaments. Certains patients prennent une partie de leurs médicaments, se sentent mieux et cessent leur traitement. Or, ils doivent prendre absolument tous leurs médicaments pour se débarrasser définitivement de leur problème de santé. La même chose vaut pour les gestionnaires. Il arrive parfois qu'ils n'aient tout simplement pas envie de prendre leurs médicaments.

Pour vous inciter à affronter les situations pénibles, relisez votre description de poste. C'est vous, et vous seul, qui avez la responsabilité de résoudre ces problèmes, et de les résoudre non seulement de manière efficace, mais en temps opportun. La situation ne s'améliorera pas avec le temps.

Mandat

Sur une petite carte, écrivez : « Ne pas remettre à plus tard les questions touchant le personnel. Plus une situation se prolonge, pire elle devient. » Relisez cette carte pour vous rappeler que ces problèmes ne peuvent pas attendre, et que c'est vous, et vous seul, qui devez les régler.

—————— Épilogue ——————

Le succès entraîne le succès. Le temps que vous passez à atermoyer, à ruminer et à vous ronger les ongles à propos d'une situation pourrait être utilisé à meilleur escient pour inspirer vos employés.

Les intentions comptent autant que les actions

Un des principes de relations publiques les plus importants est de chuchoter ce qu'on a l'intention de faire et de clamer bien fort ce qu'on a réussi à faire. En d'autres termes, il faut être discret quant aux choses qu'on entreprend, mais bavard à propos de celles qu'on a achevées.

Sears Roebuck a été l'un des premiers grands détaillants à adopter le concept, aujourd'hui galvaudé, de la satisfaction totale garantie. L'entreprise s'est gagné l'entière confiance des consommateurs en respectant à la lettre son intention de satisfaire totalement sa clientèle. Les bricoleurs, tant amateurs que professionnels, achetaient sa légendaire gamme de produits Craftsman parce qu'ils savaient que la compagnie remplacerait ou rembourserait ses produits, en cas de défectuosité, pendant toute leur durée de vie.

La leçon à retenir? Les intentions peuvent être davantage valorisées que les actions, à condition – et à condition seulement – que vous teniez vos promesses. Autrement dit, c'est le respect de vos promesses qui déterminera en dernier lieu si les gens vous feront confiance ou non.

Mandat

Il est essentiel que vous respectiez vos engagements et vos promesses, surtout à l'égard de vos employés. Sur une petite carte, écrivez: «Les intentions, c'est bien; les actes, c'est mieux.» Relisez cette carte pour vous rappeler que vous devez absolument donner suite à vos intentions, déclarées ou non.

─────── **Épilogue** ───────

Employés et clients n'accordent de valeur à vos intentions que si vous leur prouvez que vous donnez suite à vos engagements.

───────────────

65

La qualité primordiale pour vous faire respecter de vos employés

Un leader vraiment efficace et inspirant devrait idéalement être tout autant aimé que respecté. Étant donné que le fait d'être aimé ne dépend pas de vous et que vous n'y pouvez pas grand-chose, vous *devez* arrriver à vous faire respecter. Sans respect, votre leadership sombrera dans les flots comme un bateau sans capitaine.

Sondage après sondage, les employés répondent invariablement que la cohérence est la qualité primordiale que doit posséder un leader pour obtenir le respect de ses employés. Vos employés veulent que vous soyez cohérent, même s'ils ne sont pas d'accord avec vos choix et vos décisions.

Pourquoi cette qualité est-elle si importante pour votre leadership ? Parce qu'elle conduit à la prévisibilité et que la prévisibilité est le principal ingrédient de la confiance que vous accordent les employés avec le temps.

Mandat

« La cohérence conduit à la prévisibilité et au respect. » Écrivez cette phrase sur une petite carte pour vous rappeler d'être cohérent dans tous vos actes et toutes vos décisions concernant les employés. Cela vous assurera le respect. Relisez cette carte régulièrement.

─────── **Épilogue** ───────

Pour être un véritable leader, il est peut-être souhaitable d'être aimé, mais il est absolument essentiel d'être respecté.

66

Le silence est d'or

Selon un vieux proverbe, un secret révélé n'est plus un secret mais une information pour tout le monde. Dès que vous laissez passer une information importante ou que vous confiez un secret à quelqu'un, vous pouvez être à peu près certain que tout le monde en aura bientôt connaissance.

Parmi les droits qu'énumèrent les policiers lorsqu'ils arrêtent un suspect, il y a celui de garder le silence. La loi suppose en effet que la plupart des gens ne savent pas garder une information.

Quand vous abordez des sujets critiques concernant la concurrence, le personnel ou des changements qui pourraient se produire au travail, apprenez à vous taire. Les fuites et les commérages peuvent miner la confiance, la loyauté et l'inspiration. Pour garder le secret, gardez le silence.

Mandat

Sur une petite carte, écrivez la phrase suivante : « Le silence est d'or. » Relisez cette fiche régulièrement pour vous rappeler de ne pas divulguer l'information importante.

———— Épilogue ————

Vous devez parfois taire une information pour vous protéger non pas contre les employés, mais contre les concurrents.

67

Protégez la réputation de votre entreprise

Vous ne savez que trop bien à quel point la réputation d'une entreprise peut être fragile, après avoir vu tant de compagnies malmenées, salies et même détruites par des publicités négatives. Pour inspirer et mobiliser vos employés, vous devez constamment chercher de nouveaux moyens de protéger votre précieuse réputation.

Sylvain propose à ses employés un test ingénieux pour décrire les aspects de leur travail dont ils sont fiers. La question est la suivante : « Pouvez-vous vanter votre travail à votre mère, l'enseigner à un étudiant ou le défendre devant un juge ? »

Ce test permet à vos employés de déterminer comment leurs comportements et leurs actes sont perçus par des observateurs étrangers. Ils peuvent se servir de ces repères pour accélérer (feu vert), ralentir (feu orange) ou s'arrêter (feu rouge), et peuvent également localiser les actions indésirables avant qu'elles n'empirent.

Mandat

Sur une petite carte, écrivez cette question déterminante : « Est-ce que je peux vanter mon travail à ma mère, l'enseigner à un étudiant ou le défendre devant un juge ? » Demandez de temps en temps à vos employés de répondre à cette question à propos d'une situation dans laquelle ils se sont récemment trouvés.

———— Épilogue ————

Pour protéger l'image que les autres ont de vous et de votre entreprise, vous devez inciter vos employés à être vigilants et à éviter les critiques inutiles du public.

68

Inspirez-les, ils vous le rendront au centuple

L'inspiration, l'enthousiasme et l'optimisme d'un dirigeant ont un effet d'entraînement fabuleux. Le cynisme et le pessimisme aussi. Les gestionnaires qui se plaignent de tout et de tout le monde communiquent ce type de comportement à leurs collègues. Je ne dis pas qu'il faut accepter aveuglément la bêtise, la mauvaise performance et le manque de compétences dans une entreprise. Je dis seulement qu'il faut être assez optimiste pour vouloir changer les choses, se fixer des objectifs ambitieux et donner le meilleur de nous-mêmes.

Robert Schuller raconte l'histoire de ces 12 employés, choisis au hasard, invités à se rendre dans la salle de conférences de leur compagnie. On leur annonce qu'ils ont été sélectionnés pour résoudre un problème particulier, on leur assure qu'ils ont les compétences nécessaires pour le faire et on leur explique pourquoi ils ont été choisis.

Les employés entreprennent de résoudre le problème. Le fait d'avoir été choisis et les explications qu'on leur donne stimulent leurs efforts, et ils parviennent à trouver une solution. Ne renoncez jamais à l'inspiration, à l'enthousiasme et à l'optimisme. L'optimisme décuple les forces.

Mandat

« Le pouvoir d'une attitude positive est contagieux. » Écrivez cette phrase sur une petite carte et relisez-la tous les jours. Pensez à en faire une enseigne ou une affiche pour inspirer les autres.

——— Épilogue ———

« Il suffit de vouloir pour pouvoir », dit-on. C'est peut-être là le secret de l'inspiration.

Halte aux médisances !

Rien ne valorise, ne rassure ni ne motive davantage les employés que les éloges qu'ils reçoivent des clients à propos de leur service ou de leur entreprise. Mais les employés ont eux aussi une responsabilité : celle de ne pas médire de leur employeur. Il faut des années pour créer une image positive, et un seul commentaire désobligeant peut sérieusement la ternir.

Certains employés peuvent faire des commentaires abrupts susceptibles de dérouter les clients. En voici un exemple : un client désireux d'envoyer son ordinateur portatif à l'autre bout du pays s'informe auprès d'une entreprise d'empaquetage et d'expédition à propos des livraisons prioritaires. L'employé lui répond que les frais exigés pour ce genre de service sont scandaleux et qu'il ferait mieux d'empaqueter et d'envoyer l'ordinateur par ses propres moyens. Le client réplique calmement qu'il se moque du coût et qu'il veut tout simplement savoir si l'employé peut faire le travail qu'on lui demande et garantir la livraison pour le lendemain. L'employé répond par l'affirmative et exécute le travail sans broncher.

Un employé comme celui-là peut faire des ravages dans une entreprise par la simple perception qu'il a des prix que celle-ci demande pour certains services.

Mandat

Vous pouvez adopter la ligne de conduite suivante : si vous n'avez rien de bon à dire sur votre entreprise, ne dites rien. Une des tâches de l'employé doit être de tendre l'oreille, qu'il soit ou non au travail, pour recueillir les commentaires désobligeants et les signaler à la direction. Pour ne pas oublier ce point important, écrivez sur une petite carte la phrase suivante : «Vous devez faire des commentaires positifs sur l'entreprise. Si vous ne pouvez pas en faire, venez me voir et nous en parlerons.» Relisez cette carte de temps en temps pour rappeler aux employés qu'ils doivent garder le silence à défaut de faire des louanges.

——— Épilogue ———

Il ne faut jamais tolérer les commentaires négatifs sur votre entreprise, même s'ils sont irréfléchis et sans malice.

Vous êtes responsable de l'inactivité de vos employés

Comment se fait-il que le patron ne vienne jamais à bout de son travail, alors que certains de ses employés semblent se tourner les pouces? Si ce vieux paradoxe vous trouble, vous êtes sur la bonne voie. Vous devez peut-être vous livrer à un examen approfondi pour trouver la cause de ce déséquilibre. Vous êtes peut-être beaucoup plus responsable du problème que vous ne le croyez.

Quand Marie-Ève a annoncé à son patron qu'elle avait fini son travail et qu'elle n'avait absolument rien d'autre à faire, elle a bien senti qu'il était étonné et irrité par ses propos. Après avoir observé un silence menaçant, il lui a finalement répondu qu'il réfléchirait à la situation et qu'il lui en reparlerait un peu plus tard. Marie-Ève s'est aussitôt demandé si son patron n'allait pas l'accabler de reproches ou même la congédier parce qu'elle venait d'admettre qu'elle n'avait rien à faire.

Fort heureusement, le patron de Marie-Ève a préféré se demander comment une représentante des ventes comptant 350 clients réguliers et 600 clients potentiels pouvait n'avoir rien à faire. Avec les 600 clients potentiels qu'il lui restait à convaincre, comment pouvait-elle avoir fini tout ce qu'elle avait à faire? La cause du problème lui a alors sauté aux yeux: c'était lui! C'était lui qui n'avait pas expliqué clairement à Marie-Ève en quoi consistait son travail et qui n'avait pas fixé avec elle des buts, des objectifs et un plan d'action adéquats. S'il n'avait pas réussi à lui expliquer clairement ce qu'elle devait faire, il devait peut-être remettre en question son propre leadership.

Mandat

C'est le patron qui fixe les attentes à l'égard des membres de l'équipe. À ce titre, il doit parfois revoir les directives qu'il a données à ses employés pour confirmer qu'elles sont toujours valables. Sur une petite carte, écrivez ceci : « Si un employé dit qu'il n'a rien à faire, c'est qu'il n'a pas assez de travail ou qu'il n'est pas assez encadré. Dans les deux cas, je suis responsable de cette situation. »

———— Épilogue ————

Quand un employé ne semble plus avoir de travail à faire, la première personne à interroger est souvent la dernière à laquelle on pense. Cette personne-là, c'est vous !

Le temps n'arrange pas toujours les choses

On a dit que la vie consistait à gérer une série de défis permanents entre-coupés de crises ponctuelles. Pour inspirer les autres, il serait bon d'acquérir la discipline nécessaire pour affronter ces défis incessants avec la détermination et la combativité qui s'imposent.

L'idée d'entamer un travail en commençant par les tâches les plus désagréables peut être une source d'inspiration pour tous. On résout rarement les dilemmes en contournant ou en repoussant les embûches.

Plus les choses traînent, plus elles rongent l'enthousiasme, l'inspiration et la motivation. En retardant le moment de vous attaquer aux tâches pénibles, vous éliminerez toute motivation en vous et chez vos employés.

Mandat

Sur une petite carte, écrivez : « Commencer par les tâches les plus pénibles. » Cette phrase vous rappellera que vous devez vous attaquer aux tâches désagréables avant de passer aux tâches agréables.

—————— Épilogue ——————

Le soulagement qu'on éprouve à la fin d'un travail pénible nous motive fortement à entreprendre les tâches plus agréables.

Lifting et maquillage, ou l'art d'embellir ce qui est déjà beau

Il est inutile d'attendre d'être irrémédiablement laid pour améliorer son apparence, et il est tout aussi inutile d'attendre qu'une compagnie soit en difficulté pour améliorer sa performance. De fait, le moment idéal pour lancer une initiative d'amélioration continue est justement le moment où tout va bien et où vous êtes satisfait de vos résultats. En partant du positif, vous permettrez à la situation d'évoluer dans le bon sens et vous aurez aussi toutes les ressources et toute l'inspiration nécessaires pour améliorer ce qui est déjà bon. Tel est le message que vous communiquerez à vos employés : nous sommes bons et nous deviendrons meilleurs.

Steve est responsable du développement organisationnel d'une compagnie de services alimentaires à établissements multiples. Celle-ci connaît une croissance stable et enregistre une bonne marge de profit. Steve veut lancer une initiative d'amélioration, mais il se heurte à un obstacle : l'idée suivant laquelle « le succès actuel suffit », colportée par ses employés. Ceux-ci sont satisfaits des choses telles qu'elles sont, alors que Steve imagine qu'elles pourraient être mieux. Son défi est de faire accepter sa vision par tous les gens qui l'entourent.

La complaisance est le principal ennemi de l'amélioration. Nous perdons de précieuses occasions de nous améliorer quand nous sommes trop satisfaits de nous-mêmes, et ces occasions ne reviennent plus jamais.

Mandat

Sur une petite carte, écrivez : « Nous sommes bons et nous deviendrons meilleurs. » Reproduisez cette carte en quantité suffisante pour rejoindre tous les employés et affichez ce message dans tous les lieux de travail. Cette carte rappellera à l'équipe que, même si elle obtient déjà d'excellents résultats, elle peut en obtenir de meilleurs encore.

—————— Épilogue ——————

C'est quand une personne est belle qu'elle doit songer à s'embellir, et c'est quand une entreprise marche bien qu'il faut songer à l'améliorer.

La façon dont apprennent les gens brillants

« L'expérience est le meilleur guide », dit-on. Il serait plus exact de dire que c'est celui dont on se souvient le mieux, parce que le premier contact que nous avons avec le plaisir ou le déplaisir, créé par l'expérience, reste à jamais gravé dans notre mémoire.

Un spécialiste en productivité a dit un jour que les gens idiots ne tiraient aucune leçon de leurs bévues. Il suffit de voir le nombre de personnes qui font et refont encore et toujours les mêmes erreurs ; elles n'apprennent rien de leur expérience et de leurs erreurs. Les gens intelligents, quant à eux, semblent effectivement tirer des leçons de leur expérience et de leurs erreurs, mais en y perdant souvent des plumes, dans la mesure où il est souvent trop tard pour éviter ce qu'ils auraient dû éviter. Le même expert dit que les gens brillants, pour leur part, tirent des leçons des expériences *des autres* ; ils savent qu'il n'est nul besoin de réinventer la roue quand ils ont appris par d'autres ce qu'ils devaient savoir.

Modèles, mentors, histoires tribales… Il existe de nombreuses ressources qui vous empêcheront d'être idiot, ou même seulement intelligent, alors que vous pouvez être brillant.

Mandat

Ne refaites pas constamment les mêmes erreurs, ou évitez tout simplement d'en faire au départ. Sur une petite carte, écrivez : « Étudier mon marché et mon entreprise pour découvrir les meilleures pratiques et m'en inspirer. »

———— Épilogue ————

Ne cherchez pas à tout prix à être un pionnier. Observez et imitez les gens qui réussissent, et vous réussirez vous aussi.

74

Les symptômes et les causes

La première chose que fait un docteur lorsqu'il vous reçoit est de mesurer votre poids, votre pouls et votre pression artérielle, et de vous poser des questions sur vos malaises. Les renseignements qu'il recueille lui permettent de remonter des symptômes à la cause du problème. La douleur ou la fièvre ne sont en effet que des signaux par lesquels l'organisme nous avertit que quelque chose ne va pas.

Depuis plus d'un an, Marc essaie en vain de redresser les ventes de sa compagnie et de reconquérir une part du marché qui lui échappe. Il est d'autant plus découragé que la compagnie a apporté des changements positifs à son image et que ses initiatives de marketing auraient normalement dû faire remonter les ventes. Dans ses efforts désespérés pour régler le problème, il a modifié plusieurs fois le système de rémunération, offert des primes qui n'ont pas été réclamées, créé des prix qui n'ont pas été gagnés et multiplié des mesures incitatives qui se sont avérées inutiles.

C'est alors qu'il fait appel à son docteur, c'est-à-dire un consultant spécialisé en ressources humaines. Il découvre ainsi qu'il s'est attaché jusqu'à présent à éliminer les symptômes au lieu de trouver la véritable cause du problème.

Le diagnostic? Le climat de doute, de crainte et d'incertitude dans lequel vivent les employés. En s'attaquant à la racine du problème, Marc réussit à faire remonter les ventes.

Mandat

Sur une petite carte, écrivez: «Une ordonnance sans diagnostic est une faute professionnelle.» Relisez cette carte pour vous rappeler que vous devez dépasser les symptômes et remonter aux sources du problème, surtout quand des employés sont en cause.

——— Épilogue ———

Lorsque vous réglez un problème, demandez-vous si vous soignez les symptômes ou la maladie elle-même.

Acceptez de ne pas savoir

Comment réagiriez-vous si quelqu'un vous traitait d'ignorant? Vous seriez peut-être blessé et attristé, ou encore outré et furieux. Ce que vous ne comprendriez pas tout de suite, c'est que l'ignorance peut être un premier pas vers l'amélioration. L'ignorance peut ouvrir de nouveaux horizons et permettre de précieuses découvertes.

Un PDG bien connu pour son esprit novateur et sa capacité de stimuler le changement est embauché par une entreprise en grande difficulté. Il convoque tous les membres de l'équipe de direction et leur donne un ordre important: chaque fois qu'il pose une question, ils ont le droit de répondre *qu'ils ne savent pas*, mais qu'ils chercheront la réponse. Le plus dangereux, leur dit-il, est de prétendre qu'ils savent, ce qui équivaudrait à un mensonge.

À compter d'aujourd'hui, vous devez accepter de ne pas savoir. Ne pas savoir, c'est commencer à apprendre. Vous pouvez vous fâcher si on vous traite d'idiot, mais soyez fier qu'on vous traite d'ignorant. L'ignorance est le début de l'apprentissage et de la connaissance.

Mandat

Sur une petite carte, écrivez : « On apprend toujours. » Il est tout à fait acceptable que vos employés ou vous-même ne connaissiez pas la réponse à une question, mais il est inacceptable que vous ne cherchiez pas à la trouver. Relisez cette carte pour ne pas perdre de vue cette idée et pour l'inculquer à votre équipe.

—————— Épilogue ——————

On ne peut pas améliorer une situation quand on n'a pas d'abord admis qu'elle a besoin d'être améliorée.

76

L'importance des listes de vérification

Si l'avion commercial est le moyen de transport le plus sûr, comme le prouvent les statistiques, c'est en grande partie grâce aux listes de vérification.

Quand un avion se trouve à l'extrémité de la piste et n'attend plus que l'ordre de décoller, le pilote et le copilote effectuent une toute dernière tâche : ils passent en revue la liste de vérification pour s'assurer que tout est prêt pour le vol. Il serait en effet catastrophique de se retrouver à 10 000 mètres d'altitude et de se rendre compte brusquement que l'avion manque de carburant ou que les cartes aériennes sont restées au sol. Une fois parti, on ne peut revenir en arrière pour les chercher.

Si vous vous débattez avec des problèmes d'uniformisation dans votre compagnie, la première chose à faire est de créer des listes de vérification que *tout le monde* peut suivre. Il ne suffit pas d'établir des listes de vérification ; il faut que tout le monde s'en serve systématiquement. Si vous prenez l'avion pour donner une conférence, par exemple, faites une liste de vérification de tous les articles à emporter. Cela vous évitera d'arriver devant votre auditoire sans les bas ou les souliers qui conviennent à un conférencier. Quel pilote voudrait se retrouver à court de carburant ou de cartes aériennes ?

Mandat

Sur une petite carte, écrivez : « Optimiser l'efficacité au moyen de listes de vérification. » Créez avec votre équipe des listes de vérification des processus. Faites participer les employés en les intéressant à cette démarche.

——— Épilogue ———

Les listes de vérification ne sont peut-être pas nécessaires pour toutes les procédures, mais elles sont d'une importance capitale pour vérifier les points importants ou pour s'orienter quand il y a un grand nombre de choses à faire.

Objectif : zéro défection

Au cours des dix dernières années, l'espérance de vie a connu une hausse spectaculaire en Amérique du Nord. Ce phénomène peut être attribué entre autres à deux facteurs : d'une part, les progrès réalisés dans le domaine de la santé et du mieux-être pour accroître la longévité et la qualité de vie des êtres humains et, d'autre part, la pratique de l'autopsie qui nous permet de mieux comprendre les causes des décès et de nous prémunir contre certaines maladies.

Les Japonais, qui sont les pionniers du *kaizen* et de l'amélioration continue, nous disent qu'une simple décision peut entraîner d'énormes améliorations. Il suffit de décider que vous changerez une situation en particulier pour que cette seule décision entraîne effectivement des changements. Pour vous exercer, décidez qu'une seule défection d'employé que vous auriez pu éviter est une défection de trop, puis faites l'analyse rétrospective de chacune de ces défections pour apprendre comment vous devrez conserver vos employés à l'avenir. Fixez-vous l'objectif « zéro défection » : ne laissez partir aucun employé que vous pourriez conserver.

Mandat

On peut diviser les défections d'employés en trois catégories : celles qu'on peut éviter, celles auxquelles on peut remédier et celles qu'on ne peut pas éviter (comme les défections attribuables aux départs à l'étranger ou à des problèmes familiaux). Notez ces trois catégories sur une petite carte.

———— Épilogue ————

Nous ne pouvons pas éviter la mort, pas plus que nous ne pouvons éviter le départ d'un employé. L'important est de tirer des leçons de ces événements si nous voulons nous améliorer.

78

Des services de qualité invariable

Votre système d'exécution des commandes est-il de qualité uniforme ou doit-il être amélioré? Un système d'exécution des commandes précis à 95 % indique quand même que la qualité fait défaut dans 5 % des cas, et donc que vous décevrez très probablement au moins un client.

En acceptant de gérer un inventaire de milliers d'UGS (unités de gestion de stock), Isabelle s'est donné pour mission d'*enchanter* la clientèle. Ses vendeurs devaient pouvoir prononcer en toute confiance – parce que c'était vrai – ces mots magiques qu'attend tout client: « Bien entendu, nous avons ce produit en stock. Vous pouvez l'emporter avec vous tout de suite, si vous voulez. »

Isabelle avait aussi une autre mission: stimuler le moral et la créativité des vendeurs en éliminant les excuses qu'ils devaient donner aux clients souvent pressés pour expliquer pourquoi ils n'avaient pas tel ou tel produit en stock. Elle voulait que le flux des stocks soit régulier et que les vendeurs puissent acquiescer invariablement aux demandes des clients. Son but? Attirer et conserver les clients.

Pour réaliser cet objectif, elle a consulté le secteur des ventes pour savoir quels étaient les articles les plus demandés et elle s'est assurée que les vendeurs avaient accès à ces UGS en permanence. Ce travail n'était pas de tout repos, car les UGS et les besoins des clients changent fréquemment. Isabelle a facilité ce travail en informant les vendeurs et en les faisant participer à la prise de décision, ce dont ils lui ont été extrêmement reconnaissants.

Mandat

Sur une petite carte, écrivez : « Demandez ma participation, et je vous aiderai à régler le problème. Donnez-moi des ordres ou ignorez-moi, et j'empirerai le problème. » Quand vous devez résoudre un problème ou des difficultés, faites appel aux principaux membres de votre équipe. Ils connaissent leur travail, et leur contribution permet de trouver une solution plus facilement. Relisez cette carte chaque fois que vous devez résoudre un problème.

——— Épilogue ———

Demandez la participation des membres de votre équipe pour trouver des solutions aux problèmes. En participant à l'étude du problème, ils contribuent du même coup à sa solution. Ils savent aussi que vous valorisez leur rôle, leurs opinions et leur expérience.

Votre temple de la renommée

Essayez d'imaginer l'immense fierté des joueurs qui viennent d'être nommés au temple de la renommée du baseball ou du football. Imaginez la lueur qui brille dans leurs yeux quand ils voient leur nom côtoyer ceux des héros légendaires qui ont remporté cet honneur. C'est à peu près ce que ressentiront les employés sur lesquels vous aurez braqué les projecteurs. En faisant de vos employés des vedettes auxquelles vous rendez hommage, vous ranimerez la flamme de l'équipe et vous enverrez aux clients le message que votre service se compare en quelque sorte aux exploits des joueurs du temple de la renommée.

Un grossiste en fournitures de bureau de Chicago a tiré d'énormes avantages de ce concept. Il recevait des lettres de clients satisfaits qui le complimentaient pour l'excellence de son service à la clientèle et mentionnaient nommément l'employé qui les avait servis. Afin de rendre hommage à ces employés méritoires, l'entreprise a décidé d'inscrire leur nom, parfois plusieurs fois, sur une liste du «temple de la renommée». En plus, elle remet à l'employé méritoire une lettre de félicitations ainsi qu'une prime en espèces. Y a-t-il quelque chose de plus motivant qu'une prime en espèces? Les lettres des clients satisfaits et la liste des employés méritoires sont affichées sur un mur de la salle d'attente de la clientèle.

Les employés ne sont pas seulement inspirés par cette reconnaissance. Ils essaient constamment de se dépasser pour être honorés de nouveau. De leur côté, les clients sont incités à écrire une lettre à l'entreprise chaque fois qu'ils sont satisfaits des services d'un employé.

Mandat

Sur une petite carte, écrivez: «Une bonne performance se reproduit quand elle est récompensée.» Vous pouvez créer votre propre temple de la renommée et inventer votre propre concept avec l'aide et les suggestions de vos employés. L'essentiel est de reconnaître les employés et d'attirer l'attention sur eux.

———— **Épilogue** ————

L'idée selon laquelle «une bonne performance se reproduit quand elle est récompensée» doit être le principal pilier de votre temple de la renommée.

Votre palmarès des échecs

Pourquoi sommes-nous si réticents à parler de nos échecs? Nous avons beau organiser, nous démener et nous améliorer, il arrivera toujours un moment où notre service à la clientèle se heurtera à un obstacle. Il y a tant de périls possibles dans le processus de service et tant de facteurs extérieurs qui déjouent nos bonnes intentions que nous finissons toujours par faire une erreur.

Il n'existe pas de programme qui ait nécessité autant de réflexion, d'ingénierie, d'analyse, de planification et de mobilisation de ressources que celui des engins spatiaux habités de la NASA, mais cela n'a malheureusement pas pu empêcher les accidents et les décès. Même les technologies les plus évoluées ne peuvent éliminer complètement les risques. On peut en dire autant de la prestation des services.

Malgré tout, ce n'est pas parce qu'on accepte que les erreurs arrivent qu'elles sont forcément acceptables. Tous les membres de l'équipe doivent les repérer, les analyser et empêcher qu'elles se reproduisent.

Mandat

Sur une petite carte, écrivez : « Palmarès des échecs. » Créez ensuite une série de petites cartes en décrivant sur chacune d'elles l'histoire d'un échec. Ces cartes vous mettront en garde contre les erreurs que vous devrez éviter à l'avenir. Note : Ce palmarès ne doit pas être connu des clients.

———— Épilogue ————

Lorsqu'un problème se produit une fois, c'est une erreur. Lorsqu'il se produit deux fois, c'est une faute.

L'enchantement de la satisfaction

Dans de nombreuses entreprises, l'objectif de la formation est la satisfaction de la clientèle. De nos jours, les clients sont plus exigeants et vous demandent d'aller au-delà de la simple satisfaction. Le nouvel objectif de la formation n'est plus le client satisfait, mais le client enchanté, c'est-à-dire le client qui s'adressera à vous lors de son prochain achat et qui vous percevra comme son fournisseur privilégié.

Véronique a appelé une entreprise de plomberie pour faire réparer une toilette bouchée. Le plombier qu'on a envoyé chez elle règle le problème en 30 minutes. Comme sa compagnie facture un minimum d'une heure et qu'il lui reste encore 30 minutes, il lui demande si elle veut faire vérifier le lavabo ou la toilette de son autre salle de bains. Véronique répond que l'autre toilette fonctionne très bien, quoique l'arrivée d'eau soit faible. Le plombier examine l'autre toilette, constate que le niveau d'eau est effectivement bas et fait les réparations nécessaires. Lorsque le plombier s'en va, Véronique est aux anges : elle a maintenant deux salles de bains qui fonctionnent parfaitement. Elle fera désormais appel à cette compagnie, parce qu'elle l'a non seulement satisfaite, mais *enchantée*.

Mandat

Sur une petite carte, écrivez : «Mon équipe ne se contentera pas de satisfaire la clientèle ; elle l'enchantera. Et c'est à moi de hisser mes employés à ce niveau de service.» Cette carte vous rappellera non seulement quel est l'objectif, mais qui est la personne qui doit l'atteindre.

—————— Épilogue ——————

Comme les clients deviennent plus exigeants et les concurrents, plus nombreux, il faut désormais vous fixer des normes plus élevées pour enchanter les clients.

La formation continue

Il existe un gros malentendu à propos de la formation. Que vous formiez 5 ou 500 personnes, vous devez commencer par admettre que tout le monde est déjà formé. Votre véritable travail, c'est de les former pour suivre *vos* processus et *vos* procédures et pour obtenir les résultats que *vous* désirez. Certaines personnes ont une formation qui concorde parfaitement avec vos objectifs, alors que d'autres semblent venir d'une autre planète. Une formation est nécessaire pour harmoniser les approches et les procédures au sein des équipes.

De nombreuses entreprises ne viennent à bout des problèmes de formation que lorsqu'elles se rendent compte qu'elles doivent changer les comportements, modifier les manières de penser, briser les habitudes et créer des perspectives différentes. C'est précisément la raison pour laquelle l'entraînement militaire commence toujours à zéro. Il faut amener les recrues à se débarrasser de leurs anciens comportements et à penser différemment tout en renforçant les nouvelles manières de penser et d'agir.

Mandat

Sur une petite carte, écrivez : «Nous ne formons pas les employés, nous continuons de les former. Nous les amenons à penser et à agir au rythme de notre entreprise et non à leur rythme.» C'est le principe fondamental de la formation moderne. Relisez cette carte avant de lancer vos programmes de formation.

———— Épilogue ————

Toutes les personnes qui ont dû rompre avec des habitudes comme le tabagisme ou la surconsommation de nourriture savent que le changement exige du temps et du renforcement.

83

Keyoka

Encore une fois, les Japonais volent à notre secours avec un concept qui donnera un impact inouï à vos initiatives de formation. Le mot japonais *keyoka* signifie «nous devons avoir une seule paire d'yeux», ce qui se traduit sur le plan de la formation par la nécessité de viser des objectifs répondant à une définition commune. Sans la vision que fournit une seule et même paire d'yeux, cinq personnes différentes obtiendront cinq résultats différents. *Keyoka* réunit tout le monde sous la même bannière.

J'ai eu l'occasion de visiter huit magasins d'un grossiste nord-américain, qui n'avaient à peu près rien en commun si ce n'est le logo de compagnie. Il y avait très peu de similarités sur le plan des enseignes, des stocks, des étalages, de l'entretien, des politiques, des procédures et des pratiques de service à la clientèle. À l'issue d'une étude approfondie, j'ai découvert que chaque gérant avait sa propre « paire d'yeux ». Chacun d'eux agissait isolément et obtenait par conséquent des résultats différents.

Ce problème rendait pratiquement impossible toute uniformisation du service à la clientèle. Les opérations internes n'avaient plus aucune cohésion, les profits s'amenuisaient de manière désastreuse. Il fallait apprendre à tous les gestionnaires à n'avoir qu'une seule paire d'yeux.

Mandat

Pour créer une seule paire d'yeux, la meilleure solution est d'établir un modèle auquel tous les employés peuvent comparer leur performance. Sur une petite carte, écrivez : « J'implanterai le concept de *keyoka* en modélisant les comportements que je veux donner en exemple. »

——— Épilogue ———

Le *keyoka* se compare à un cadre qui délimite ce que vous souhaitez accomplir. Au sein du même cadre, chacun peut créer et personnaliser sa propre approche.

L'alphabet, puis le reste

Vous avez passé vos premiers jours d'école à apprendre l'alphabet, et c'est seulement après que vous avez appris ces mille et une petites choses qui importent dans la vie. Vous ne pouviez rien entreprendre si vous n'aviez pas d'abord mémorisé l'alphabet. La même logique s'applique aux processus de formation. Les grandes choses découlent des petites choses.

Il y a quelque temps, un de mes amis m'a raconté qu'il se trouvait dans un chalet d'été et qu'il n'arrivait pas à dormir à cause d'un unique moustique qui tournait autour de lui. Il n'arrivait pas à comprendre comment un homme de 90 kilos comme lui pouvait se laisser intimider par un insecte aussi minuscule. Il s'est finalement résolu à allumer la lumière et à tuer la bête. La vie est aussitôt redevenue agréable.

Vous arrivez à gérer avec brio les activités de base de votre compagnie. Vous maîtrisez totalement l'alphabet. Vous pouvez maintenant passer aux mille et une petites choses. Les entreprises ont trop souvent tendance à négliger les petites choses, qu'elles estiment sans importance. Cependant, pour les employés, de petites choses comme se réveiller de bonne heure, demander de l'aide pour remplir un formulaire, établir des contacts avec un superviseur peuvent prendre des dimensions gigantesques et freiner leur inspiration. Une fois que vous avez maîtrisé les grandes choses, il est temps de vous intéresser aux détails. C'est la dernière touche, celle qui séduit et inspire les gens.

Mandat

Sur une petite carte, écrivez : « Ne pas oublier les mille et une petites choses. » Affichez cette carte bien en vue pour rappeler à tout le monde de porter attention aux détails.

—————— Épilogue ——————

Il est rare que, lorsqu'un employé décide de se joindre à vous, il ne soit attiré que par un seul aspect de votre entreprise. C'est généralement un ensemble de plusieurs détails concordants qui le séduit et l'amène à vous être fidèle.

85

Apprendre, apprendre, apprendre

Savez-vous que les tomates bien rouges que vous achetez dans un supermarché ont été cueillies alors qu'elles étaient encore vertes ? Elles sont arrachées à leur climat chaud, puis expédiées dans votre région où elles sont soumises à un processus de conditionnement sous atmosphère modifiée qui leur donne leur couleur rouge. Voilà pourquoi elles semblent souvent si appétissantes de l'extérieur alors qu'elles sont jaunes et dures à l'intérieur. Nous ressemblons un peu aux tomates de supermarché : verts quand nous sommes en train de pousser et rouges quand nous sommes en train de pourrir. Et pourrir, dans notre cas, c'est stagner et cesser d'apprendre.

Selon Cavitt Robert, fondateur de la NSA (Association américaine des conférenciers), nous ne devrions jamais cesser d'apprendre tout au cours de notre vie. « Le professionnel n'en a jamais fini avec l'école », dit-il. Et vous? Depuis quand n'avez-vous pas lu un bon livre sur le marketing, visionné un DVD sur le service à la clientèle ou assisté à un séminaire sur les technologies de pointe? Si vous sentez que vous devenez rouge comme une tomate, retournez à l'école et virez au vert.

Mandat

Il est important de renouveler sans cesse ses connaissances. Pour être un dirigeant efficace, vous devez rafraîchir votre formation et votre savoir. Sur une petite carte, écrivez: «Je fais partie de l'équipe de travail et dois, moi aussi, perfectionner ma formation.» Choisissez ensuite une formation qui vous aidera à progresser sur le plan professionnel.

Épilogue

Pouvez-vous attendre de vos employés qu'ils perfectionnent leurs connaissances si vous ne perfectionnez pas les vôtres? Vous vous devez de continuer à apprendre et à évoluer.

86

Les 4 rôles du formateur

Êtes-vous un de ces chefs d'entreprise qui s'occupent de former leur personnel sur le tas tout en vaquant à mille et une autres occupations? Ou préférez-vous faire appel à un formateur interne qui fait de la formation son travail à temps plein? Les recherches montrent que, dans tous les cas, vous devez jouer quatre rôles dans un programme de formation efficace.

Il y a dans chaque formateur un enseignant, un motivateur, un entraîneur et un thérapeute. En tant qu'enseignant, vous devez vous assurer que les employés maîtrisent les processus de pensée et les compétences nécessaires pour effectuer convenablement leur travail. En tant que motivateur, vous devez semer l'enthousiasme sur votre chemin pour soulever et inspirer les employés, ainsi que pour mettre en œuvre les connaissances apprises. En tant qu'entraîneur, vous devez continuellement passer au crible les résultats obtenus et aider les joueurs à s'ajuster. En tant que thérapeute, enfin, vous devez analyser les gens, les processus et les résultats, et recommander les changements adéquats.

Mandat

**« Je suis un enseignant, un motivateur, un entraîneur et un thérapeute. »
Écrivez cette phrase sur une petite carte et affichez-la bien en vue dans votre bureau. Elle vous rappellera les quatre rôles que vous jouez sur le plan de la formation.**

—————— Épilogue ——————

Le mauvais enseignant parle. Le bon enseignant explique. Le grand enseignant inspire.

Une autre manière de communiquer : les rencontres McDo

Le leadership consiste à créer un environnement de travail dans lequel la formation soutient les employés et les encourage à donner le meilleur d'eux-mêmes. Ce type d'environnement doit inviter les employés à participer. Or, qui dit participer dit communiquer. Il est notamment important de communiquer en tête-à-tête avec les principaux responsables de votre équipe.

Un PDG a l'habitude d'inviter ses collaborateurs au restaurant McDonald's ou au petit café du coin lorsqu'il veut les entretenir de choses importantes, ce qui lui a valu un certificat de la soi-disant Chambre des restaurants rapides d'Amérique du Nord. Il crée ces moments de répit pour mieux gérer les périodes de crise. En les rencontrant en dehors de son bureau, loin de toute distraction, il peut leur accorder toute son attention. Ce geste montre aussi qu'il accorde beaucoup d'importance aux employés qu'il invite et qu'il ne veut en aucun cas être interrompu par des intrus lorsqu'il discute avec eux.

Pourquoi ne pas imiter ce PDG ? Vous pourriez vous servir de la salle de conférences comme refuge pour dîner en toute tranquillité avec les employés auxquels vous devez communiquer des idées importantes.

Mandat

Sur une petite carte, écrivez : « 1) Le plus grand problème que pose la communication, c'est de supposer qu'elle a eu lieu. 2) La communication, ou le message, est toujours dans l'esprit du récepteur. Mon but est de faire en sorte que toutes les communications importantes aient lieu en privé. »

——— Épilogue ———

Pour gagner du temps, optez pour des rencontres en tête-à-tête au café du coin. Vous obtiendrez peut-être vous aussi un certificat de la Chambre des restaurants rapides d'Amérique du Nord.

Les vertus cachées de la formation

La direction d'un gros entrepôt décide un jour d'installer de nouvelles lumières sur les lieux de travail pour mieux éclairer les marchandises. Elle constate peu après que la productivité des employés a augmenté de près de 18 %. Après analyse, elle se rend compte que cette hausse n'est pas attribuable au fait que les employés voient mieux les marchandises, mais plutôt à leur sentiment que la direction se soucie de leur bien-être et qu'elle essaie d'améliorer leurs conditions de travail. Le changement les a motivés.

Quelques mois plus tard, la direction décide de réduire l'éclairage. Que se passe-t-il, selon vous ? La productivité fait un nouveau bond ! Là encore, les employés voient dans cette initiative une manifestation d'intérêt de la part de la direction. Ils sont convaincus que celle-ci a fait ces changements pour leur bien.

Voilà une analogie qu'on peut établir avec les vertus cachées de la formation. À l'occasion, vous pourriez inviter un de vos employés à suivre un cours de formation uniquement pour le motiver et nourrir son estime de soi. Sa participation à des activités de formation, surtout celles qui se déroulent à l'extérieur de l'entreprise, est souvent fructueuse pour tout le monde. Ce genre d'initiative inspire et motive les employés parce qu'elle témoigne de l'intérêt et de l'attention que vous leur portez.

Mandat

«Les avantages que nous retirons en proposant aux employés des cours de formation à l'extérieur du bureau dépassent ceux de la simple formation: ce sont les bénéfices implicites liés au fait que l'employé se sent important et valorisé dans l'entreprise.» Écrivez cette phrase sur une petite carte et relisez-la de temps en temps.

——— Épilogue ———

Vos employés ne peuvent pas obtenir l'estime de vos clients si vous ne leur avez pas d'abord accordé la vôtre.

Le principe de Pareto

La présente idée de formation repose sur la loi des 20/80, mieux connue sous le nom de principe de Pareto. En 1906, l'économiste italien Vilfredo Pareto a constaté que 80 % des effets sont attribuables à 20 % des éléments. Par exemple, 80 % des ventes sont attribuables à 20 % des stocks.

Ayant noté un roulement excessif de son personnel, une compagnie d'enseignes découvre qu'un manque de formation conjugué aux effets de la loi des 20/80 crée un sentiment de stress, d'anxiété et de frustration parmi ses réceptionnistes. Les plaintes et les questions représentent 80 % de l'ensemble des demandes de produits et de services, alors que les commandes n'en représentent que 20 %.

La compagnie organise des séances de remue-méninges pour déterminer les réponses aux dix appels les plus fréquents. Elle obtient ainsi un script, quelques mots clés et certaines réponses prédéterminées. Les réceptionnistes n'ont plus qu'à consulter leur répertoire pour répondre aux demandes, aux questions et aux réclamations des clients. Les réponses sont désormais uniformisées, ce qui réduit le stress et satisfait autant les employés que les clients. De ce fait, le roulement du personnel diminue.

Mandat

Faites vos recherches et localisez les 20 % d'activités qui prennent 80 % du temps disponible. Explorez les solutions possibles avec votre équipe et peut-être même avec des consultants externes. Consignez les solutions et mettez-les en application.

———— Épilogue ————

La capacité qu'ont vos employés de localiser et d'atténuer les 20 % de causes responsables de 80 % des problèmes permet de résoudre ceux-ci et devient même une solution en soi.

90

Valorisez le travail bien fait

La punition la plus cruelle qu'on puisse imposer à une personne est de l'isoler et de la couper de toute communication. C'est ce que, en prison, on appelle le « trou ». Les détenus sont physiquement isolés des autres et ne peuvent communiquer avec personne. Certains spécialistes ont montré qu'une réclusion prolongée pouvait provoquer des troubles mentaux.

C'est dans cette optique que je vous invite à vous interroger sur l'importance de faire des compliments aux employés et sur la fréquence à laquelle vous les faites. Dans les milieux officiels et diplomatiques, on désigne par *persona non grata* toute personne dont la présence est devenue indésirable.

N'est-ce pas ainsi que se sentent les employés que vous ne daignez pas féliciter pour leur bon travail? En refusant de communiquer avec eux, n'êtes-vous pas en train de les isoler? C'est très probablement ce qui se passe quand vous omettez de reconnaître et de respecter leur bon travail. Promettez-vous dès aujourd'hui de faire beaucoup plus de compliments aux personnes qui le méritent.

Mandat

Sur une petite carte, écrivez: «Je dois m'intéresser au bon travail de mes employés et les complimenter sincèrement tous les jours.» Relisez régulièrement cette carte.

—————— Épilogue ——————

Décidez des choses que vous voulez améliorer et complimentez les gens qui les améliorent. Ne laissez pas vos employés dans le noir.

Qu'est-ce qu'une véritable responsabilisation?

Les techniques de gestion ne sont pas des mantras magiques, mais de simples outils dont on doit se servir quand on en a besoin. Un de ces outils consiste à responsabiliser les gens. Or, ce que de nombreux gestionnaires appellent responsabilisation n'est bien souvent qu'une délégation, quand ce n'est pas une simple décharge des responsabilités. Si vous prétendez responsabiliser vos employés tout en leur refusant le droit de prendre des décisions, vous sèmerez la confusion dans leur esprit, vous minerez votre crédibilité et vous épuiserez les ressources de votre entreprise.

Dans toute situation mettant en jeu la responsabilisation des employés, l'important est de décrire ce qui doit être fait, définir les résultats que vous visez et expliquer pourquoi ces résultats sont importants. Si vous voulez donner à l'employé quelques conseils ou suggestions pour faire le travail plus facilement et plus rapidement, faites-le. Mais une fois cela fait, vous devez le laisser décider lui-même de la manière dont il fera son travail.

Les gestionnaires hésitent souvent à responsabiliser leurs employés parce qu'ils craignent que ceux-ci ne bâclent le travail qui leur est confié. Cette crainte est justifiée quand la tâche est de première importance, et il vaut peut-être mieux dans ce cas renoncer à leur donner ces responsabilités. Il y a toutefois d'innombrables tâches que vous pouvez confier aux employés en les responsabilisant pleinement. Cette responsabilisation renforcera leur confiance en eux et les préparera aux futurs mandats que vous leur confierez.

Mandat

« Responsabiliser une personne, c'est lui donner le pouvoir de prendre des décisions et non la laisser simplement exécuter des ordres sans supervision. » Écrivez cette phrase sur une petite carte et relisez-la toutes les semaines pour ne pas oublier ce qu'est vraiment la responsabilisation.

Épilogue

Rien n'est plus illogique que de confier à quelqu'un la responsabilité d'une tâche tout en lui refusant le pouvoir de prendre une décision.

Les peurs qui freinent

Pour comprendre ce qui inspire les gens, il faut comprendre aussi ce qui les empêche de dépasser un certain seuil de performance : ce sont leurs peurs. Le seuil de performance qu'ils s'imposent se compare à une limite de vitesse qu'ils n'osent pas franchir. S'ils se sont fixé une limite maximale de 80 kilomètres à l'heure, ils n'iront jamais plus vite. La peur et l'anxiété les freinent et peuvent même paralyser totalement leurs capacités.

La peur se manifeste tout particulièrement chez les vendeurs. Ils éprouvent très souvent la peur que le client les rejette, alors que celui-ci ne fait que décliner une offre. Les peurs sont de fausses exigences qui nous semblent réelles. Sont-elles bonnes ou mauvaises conseillères ? Quand elles sont raisonnables et opportunes, elles peuvent nous être d'un grand secours, car elles nous protègent des dangers. La plupart des peurs sont toutefois irrationnelles et sont dictées par les fausses attentes que nous nous forgeons.

L'unique moyen d'aider vos employés à venir à bout de leurs peurs, c'est de les encourager à s'en défaire peu à peu. Il n'y a pas d'autres remèdes. Plus ils vaincront leurs peurs, moins ils se laisseront freiner par elles. Quand nous savons que nous pouvons surmonter l'objet de notre peur, nous pouvons neutraliser le « danger » et cesser d'être vulnérables.

Mandat

Énumérez certaines de vos peurs. Vos employés ressentent probablement un grand nombre des mêmes peurs. Écrivez les commentaires suivants sur une petite carte : « Les peurs sont de fausses attentes qui nous semblent réelles. Je dois encourager les employés à surmonter leurs peurs et je dois aussi accepter que leurs efforts ne donnent pas toujours les résultats souhaités.» Insufflez-leur l'audace de faire ce qui les effraie.

———— Épilogue ————

Les vendeurs craignent que le client ne les rejette personnellement, alors qu'ils ne font que refuser leur offre. La plupart des peurs ne sont pas fondées. Le savoir, c'est déjà commencer à s'en débarrasser.

Il ne suffit pas de dire que vous tenez à eux

La plupart des entreprises se targuent de tenir à leurs employés, mais peu d'entre elles le prouvent. Il est facile de parler, mais il est plus difficile d'agir.

Après l'incendie qui avait pratiquement détruit la Malden Mills Manufacturing Company, dans le Massachusetts, les 3 000 employés de l'usine étaient à peu près certains qu'ils seraient mis à pied. Quelle n'a pas été leur surprise lorsque leur président leur a annoncé qu'il continuerait à payer tous les employés pendant qu'il ferait reconstruire sa vieille usine familiale! Le président a tenu parole et les a rémunérés normalement jusqu'à la réouverture de l'usine. Contrairement à de nombreux chefs d'entreprise, il considérait que ses employés représentaient un actif et non une dépense. Ce geste était la meilleure manière de le leur montrer.

Mandat

Il ne faut pas seulement dire à vos employés que vous tenez à eux. Il faut le leur montrer. Sur une petite carte, écrivez : « Je saisirai toutes les occasions de montrer à mon équipe que je tiens à elle, et je tâcherai de le faire une fois par mois. » Relisez cette carte une fois par mois pour ne pas oublier votre engagement.

—————— Épilogue ——————

Touchés par le soutien et le respect de leur président, les employés de l'usine ont presque doublé leur productivité. Tout le monde en est sorti gagnant.

94

Célébrez sans dépenser

Vous aimeriez bien célébrer en grand l'atteinte des objectifs du mois mais la haute direction ne vous consent aucun budget ? C'est la raison pour laquelle il n'y aura pas de fête ? Pensez-y deux fois avant de passer sous silence les accomplissements de votre équipe.

Vous n'avez pas besoin d'une salle au Ritz, d'un service de traiteur ou d'un orchestre pour célébrer un accomplissement. En fait, une soirée trop bien préparée risque même d'enlever de la saveur à une célébration qui va de soi.

Vous n'avez pas les moyens de réserver une salle ? Improvisez une cérémonie sur les lieux de travail. Réunissez votre personnel et faites votre annonce en félicitant toutes les personnes méritantes. Cela ne prendra que quelques instants, mais vous aurez un impact du tonnerre. Vous n'avez pas les moyens de faire appel à un traiteur? Si c'est l'été, allez chercher des Popsicles. Si c'est l'hiver, allez acheter une boîte de beignes. Et s'il ne reste pas un sou dans la petite caisse, payez de votre poche! Vous n'avez pas les moyens de vous offrir un orchestre? Ce n'est pas grave. S'ils sentent dans votre voix à quel point vous êtes fier d'eux, ils n'ont pas besoin du moindre instrument de musique.

Mandat

Ce ne sont pas les moyens financiers qui importent. C'est votre capacité à reconnaître la performance quand elle est au rendez-vous. Oubliez les budgets et célébrez! Quelle est la prochaine petite fête que vous organiserez?

——— Épilogue ———

Démarquez-vous des autres gestionnaires. Saisissez toutes les occasions de célébrer et ne laissez jamais des considérations budgétaires vous empêcher de fêter l'atteinte d'un objectif ou la réalisation d'un projet.

95

Planification avec un grand *P*, exécution avec un petit *e*

Les Japonais (encore eux) accordent une attention méticuleuse à la planification et croient volontiers que c'est l'une des principales raisons pour lesquelles ils dominent tant de marchés dans le monde. Ils estiment aussi que les entreprises américaines sont beaucoup trop fonceuses et qu'elles n'étudient pas suffisamment leurs projets avant de les exécuter.

Le PDG d'une importante société d'édition de Chicago affirme qu'il a vu de nombreuses entreprises s'effondrer durant sa carrière. Selon lui, aucune de ces entreprises n'a péché par excès de planification. C'est au contraire le manque de planification qui était très souvent à la source de leur échec.

Les Japonais estiment que nous planifions avec un petit p et que nous exécutons avec un grand E. Ils font exactement le contraire, et c'est ce que nous vous recommandons de faire pour motiver et susciter l'engagement de vos employés. Planifiez avec un grand P. Prenez le temps d'élaborer un bon plan ; pensez aux ressources dont vous aurez besoin, aux problèmes que vous pourriez rencontrer et aux personnes que vous devez mobiliser pour mettre votre plan en œuvre. C'est seulement ensuite que vous passerez à l'exécution.

Mandat

Une bonne planification entraîne une bonne exécution. Vous vous devez de planifier parfaitement l'exécution pour et avec votre équipe. Sur une petite carte, écrivez : « Planifier avec un grand P et exécuter avec un petit e. » Cette fiche vous rappellera que la planification joue un rôle primordial dans votre succès et celui de votre équipe.

—————— Épilogue ——————

Une bonne planification vous évitera d'innombrables désagréments.

Ne vous tirez pas dans le pied

Si vous souhaitez mobiliser les gens, ne perdez pas de vue qu'ils ne vous suivront que si vous montrez que vous partagez les mêmes valeurs. Dans le cas contraire, ils risquent d'avoir envie de vous quitter.

Un été, Édith travaillait dans une boutique de cadeaux; elle aimait bien son travail. Jusqu'au jour où, à l'heure du midi, elle a vu son patron garer sa voiture dans le stationnement du centre commercial, ouvrir sa portière et vider le cendrier de son automobile par terre! Du coup, elle a perdu le goût de travailler pour lui et, deux semaines plus tard, elle lui annonçait son départ. Elle ne pouvait tout simplement pas continuer à travailler pour quelqu'un qui polluait ainsi.

Prenez garde à tout ce qui peut heurter les valeurs de votre personnel. Cela ne veut pas dire que vous devez perdre votre individualité, mais simplement que vous devez maintenir un bon lien émotionnel avec chacun de vos employés. Évidemment, oubliez les blagues racistes, politiques, religieuses ou sexistes, et rappelez-vous que personne n'est *obligé* de travailler pour vous.

Mandat

Réfléchissez aux valeurs que vous véhiculez par vos comportements, et demandez-vous si elles sont en cohérence avec vous-même et avec les valeurs de vos employés.

——— Épilogue ———

Les gens ne peuvent pas être mobilisés par quelqu'un qui ne partage pas leurs valeurs.

97

« Qu'en pensez-vous ? »

Nous affrontons bien souvent des problèmes, des obstacles et même des échecs parce que nous n'avons pas l'information dont nous avons besoin ou parce que nous n'avons pas fait la recherche que nous aurions dû faire. Pourquoi avons-nous si peur de demander aux autres leur opinion? Craignons-nous d'avoir l'air ridicule ou insignifiant, ou de donner l'impression que nous ne pouvons pas prendre de décisions seuls? Les chefs d'entreprise vraiment intelligents n'ont pas peur de tout cela et ils n'hésitent pas à prononcer cette petite phrase magique: « Qu'en pensez-vous ? »

Le bureau de Kop Kopmeyer comportait une affiche sur laquelle on pouvait lire en grosses lettres: « La phrase la plus importante du monde. » Suivait une autre phrase, en caractères plus petits: « Qu'en pensez-vous ? » Pour Kop Kopmeyer, il fallait poser des questions pour apprendre et pour évoluer. Il savait qu'en posant des questions, il obtiendrait l'information et les opinions qui l'aideraient à prendre de meilleures décisions.

Demandez aux gens ce qu'ils pensent, mais ne vous appropriez pas leurs opinions. Rendez à César ce qui appartient à César. Veillez également à donner suite aux idées intéressantes mais impossibles à appliquer que vous suggèrent des employés. Expliquez-leur pourquoi vous ne pouvez pas retenir leurs idées. N'oubliez pas de remercier les gens verbalement, ou peut-être même par des gestes concrets, lorsqu'ils vous fournissent une bonne information.

Mandat

Sur une petite carte, écrivez la phrase la plus importante du monde : « Qu'en pensez-vous ? » Relisez cette fiche régulièrement.

─────── Épilogue ───────

« Il y a une solution à tous les problèmes quand on a le courage de poser des questions et qu'on prend l'habitude systématique de le faire », disait Kop Kopmeyer.

───────────────────────

98

Soyez un juge impartial

Avez-vous déjà été accusé d'une faute sur la foi d'une information totalement fausse ? Si vous devez prendre des décisions à propos de fautes professionnelles, de sanctions disciplinaires ou de problèmes analogues, vous courez de gros risques de mal interpréter la situation ou de parvenir à des conclusions erronées. Il faut parfois se faire juge pour comprendre le principe de base qui s'applique à ces cas.

Quand des policiers font enquête sur un accident ou un crime grave, l'une des premières choses qu'ils font est d'interroger tous les témoins possibles. Un policier m'a confié qu'il était toujours étonné du fait qu'il pouvait interroger deux personnes qui avaient assisté à la même scène au même endroit et au même moment, et obtenir deux versions totalement différentes des faits. Un juge impartial écoute toujours toutes les parties avant de prendre une décision.

Faites la même chose. Avant de porter des accusations contre un employé, écoutez toutes les parties et tâchez de parvenir à un jugement équitable. Il n'est pas toujours facile de savoir où est la vérité, même en présence de tous les faits. Soyez certain que vous avez en main tous les faits, car toute décision erronée risque d'anéantir la confiance et l'inspiration chez vos employés.

Mandat

Faites-vous juge quand vous abordez les questions qui touchent le personnel. Sur une petite carte, écrivez : « Être un juge impartial. Douter de l'information que je reçois tant que je ne l'ai pas validée, et rendre ensuite un jugement équitable. »

————— Épilogue —————

Rien n'est plus dévalorisant ni humiliant pour un employé que d'être accusé de quelque chose dont il est innocent.

Quel est le pointage actuel de la partie ?

Avez-vous déjà participé à des jeux d'équipe comme le hockey, le baseball, le badminton ou tout autre jeu où on finit par déterminer un vainqueur ?

Dans l'affirmative, rappelez-vous que ce qui crée l'excitation lors de telles activités, c'est souvent le pointage. Les membres de l'équipe en avance sont souvent gonflés à bloc, fiers de leur performance et contents de faire partie d'une équipe gagnante. Les membres de l'équipe qui tire de l'arrière redoublent d'ardeur, s'encouragent mutuellement et tentent de combler leur retard.

Imaginez que vous changiez les règles de ces jeux et que vous fassiez en sorte que personne ne connaisse le compte des points lors d'une telle rencontre. Que se passerait-il ? L'équipe en avance ne saurait plus qu'elle est en avance et l'équipe perdante ne se douterait plus du fait qu'elle tire de l'arrière. En enlevant le pointage, vous priveriez ces gens de leur motivation. La partie deviendrait ennuyeuse.

Pourtant, n'est-ce pas ce que vous faites au travail quand vous privez les gens d'information ? Quand vous leur dites que les objectifs de vente ne sont pas atteints, mais que vous ne leur communiquez ni les objectifs ni le résultat des ventes réalisées à ce jour ? Quand vous leur mentionnez que le taux de satisfaction de la clientèle est à la baisse, mais que vous restez vague sur le taux exact ?

Mandat

Vos employés ne peuvent pas rester motivés s'ils ne connaissent pas les règles de la partie en cours ni les points gagnés par leur équipe. Informez-les et voyez leur motivation grandir.

——— Épilogue ———

Partagez l'information. Les gens ont besoin de connaître le pointage du match en cours pour rester mobilisés.

Comment aider les employés qui décrochent

Quand un employé décroche, les conséquences sont parfois désastreuses. Il perd de vue ses objectifs, ne parvient plus à travailler et se désintéresse même de sa vie personnelle. Votre rôle est de l'aider à se raccrocher. Comment?

W. Clement Stone est devenu l'un des premiers milliardaires d'Amérique du Nord grâce à sa compagnie Combined Insurance. Il a fait fortune dans le domaine des assurances en recrutant des milliers de personnes qui vendaient ses polices d'assurance à des prix abordables. C'est aussi un des premiers chefs d'entreprise à avoir établi des scripts que tous les vendeurs devaient suivre. Bien utilisés, ces scripts étaient pratiquement garants du succès des ventes.

Toutefois, cet homme d'affaires remarquable savait aussi que même les employés les plus brillants peuvent parfois « décrocher » de leur travail et qu'il devait leur apporter son aide. Au fil des ans, il a constaté que la meilleure manière de les aider à « raccrocher » était de leur expliquer qu'ils se faisaient souffrir eux-mêmes en abandonnant leurs objectifs et leurs buts personnels. Il leur montrait qu'en se réconciliant avec leur travail, c'est avec eux-mêmes qu'ils se réconciliaient.

Mandat

Apprenez à connaître vos employés et familiarisez-vous avec leurs objectifs pour les aider à renouer avec leur travail, s'il leur arrive un jour de s'en éloigner. Passez en revue vos fiches d'employé et assurez-vous que vous avez bien consigné les objectifs que se fixent

les employés. Vous pourrez ainsi leur rappeler leurs buts personnels en cas de besoin. Si vous n'avez pas cette information, c'est le moment ou jamais de l'obtenir.

———— Épilogue ————

Les personnes qui décrochent ont besoin de notre aide et de nos encouragements pour venir à bout des crises qu'elles traversent.

Il ne suffit pas de faire de son mieux

De nos jours, une entreprise ne peut pas se permettre d'être bonne ; elle doit être excellente. Il ne vous suffit plus d'être bon, car tous vos concurrents sont bons. Vous devez donc créer un environnement de travail où tous les employés *voudront* exceller.

Durant la Deuxième Guerre mondiale, Winston Churchill s'est fait connaître pour son extraordinaire capacité de rallier les gens. Une de ses nombreuses petites phrases stimulera votre enthousiasme quand tout, autour de vous, semblera insurmontable : « Il ne suffit pas toujours de faire de son mieux. Il faut parfois faire ce qu'il faut faire. »

Pensez à cette petite phrase quand vous vous sentirez épuisé, fatigué, prêt à tout lâcher. Elle vous éveillera et vous incitera à faire ce petit quelque chose de plus qui change tout. Cette pensée de Churchill pourrait être le point de ralliement de tous vos employés dans leur chemin vers le succès. Faire de son mieux ? Oui, mais ce n'est pas toujours assez.

Mandat

Sur une petite carte, écrivez la pensée de Churchill : « Il ne suffit pas toujours de faire de son mieux. Il faut parfois faire ce qu'il faut faire. » Méditez cette phrase de temps en temps et communiquez-la à votre équipe.

———— Épilogue ————

Churchill était passé maître dans l'art de motiver les autres. Suivez son exemple et adoptez ses approches pleines de bon sens.

Évaluez vos employés plus d'une fois par année !

Imaginez un patron ou un superviseur qui n'est pas satisfait de certains aspects de votre rendement, mais qui doit attendre presque un an pour vous en parler. Quelle tragédie ! Les examens du rendement ressemblent trop souvent à des mises à jour expéditives que les gestionnaires se sentent obligés de faire chaque année et qui n'apportent rien aux employés.

En tant que cadre de direction, Hugo est tenu de faire une évaluation annuelle du rendement de chacun de ses employés. En réalité, il fait deux évaluations : la première a surtout valeur administrative et contient toutes les formules d'usage sur le rendement de l'employé et ses efforts d'amélioration ; la deuxième est celle dont il se sert pour planifier l'année avec l'employé. Quand il convoque l'employé pour l'évaluation annuelle, il discute avec lui des progrès accomplis durant l'année qui s'est écoulée et lui parle des aspects qu'ils pourront améliorer ensemble durant l'année à venir.

Mandat

Faites des évaluations du rendement utiles et intelligentes. Sur une petite carte, écrivez : « Les évaluations du rendement servent autant à former qu'à évaluer. En faire quand cela est nécessaire, et pas seulement une fois par année. » Placez cette carte devant les fiches d'employé pour vous en souvenir. N'oubliez pas de vous servir des fiches de rendement des employés.

—————— Épilogue ——————

Ne vous contentez pas de vagues examens annuels. Faites un suivi quotidien des points forts, des points faibles et des préoccupations de vos employés.

Licencier, la dernière solution

Les employeurs ont une supériorité évidente sur leurs employés : le pouvoir de licencier. Avec ou sans raison. Si vous voulez vraiment inspirer vos employés, le licenciement doit être pour vous une solution de dernier recours.

Quand Renée a été convoquée par son superviseur, elle a tout de suite pensé qu'ils parleraient du projet sur lequel elle travaillait. Elle avait fait du bon travail, croyait-elle, et elle avait d'ailleurs reçu de nombreux compliments à ce propos. C'est donc avec beaucoup de surprise qu'elle a appris qu'elle serait mise à pied. Le superviseur ne lui donnait pas d'explication claire. C'était une personne avec laquelle Renée avait toujours eu du mal à communiquer, au point où elle devait sans cesse deviner ce qu'il attendait d'elle sur le plan professionnel. Son renvoi l'a bouleversée.

Il est regrettable que ce superviseur n'ait pas dit clairement à Renée ce qu'il attendait d'elle avant d'en arriver là. Les mises à pied n'ont pas seulement pour effet de démoraliser les personnes touchées ; ils se répercutent sur la totalité du personnel, car les employés se mettent peu à peu à douter de vous et de l'entreprise pour laquelle ils travaillent.

Vous devez donner à vos employés des commentaires sur leur performance, qu'elle soit bonne ou mauvaise. Si vous ne le faites pas, vous êtes coupable de négligence. Prenez immédiatement cette bonne habitude.

Mandat

Sur une petite carte, écrivez ceci : « Les employés doivent avoir la possibilité d'améliorer leur performance. Ils doivent savoir :

1. **ce qui constitue une conduite inacceptable (voler, mentir à un client, boire de l'alcool au travail, ne pas se présenter au travail, etc.) ;**

2. **ce que sont les normes et ce que la direction attend d'eux pour remédier à leur conduite ;**

3. **quel est le délai dont ils disposent pour y remédier et comment les changements seront mesurés. »**

───── Épilogue ─────

En sachant clairement pourquoi ils peuvent être congédiés, les employés sauront du même coup pourquoi ils ne peuvent pas être congédiés. À la manière dont vous traitez un employé, le reste du groupe saura très bien à quoi il peut s'attendre de votre part.

Affrontez, corrigez et tournez la page

Il est connu que, de tous les fardeaux que nous devons porter dans la vie, les plus lourds sont le regret et le ressentiment. L'amertume et l'insatisfaction peuvent ronger le milieu de travail le plus épanouissant. Pour clarifier les situations et dissiper immédiatement les tensions, suivez ces trois étapes : affronter, corriger et tourner la page.

Mon ami Jerry R. était reconnu pour sa franchise. Son franc-parler pouvait parfois blesser ses interlocuteurs, mais tout le monde savait à quoi s'attendre avec lui. Ce qui était tout particulièrement agréable chez lui, c'est que, après avoir affronté et résolu la situation, il n'y revenait plus. Il était de ceux qui affrontent, corrigent et tournent la page.

Selon une étude récente, 71 % des travailleurs américains qui se rendent à leur travail appréhendent la journée qui les attend. Ce ne sont pas tant les tâches physiques qu'ils redoutent, mais leur environnement de travail et les comportements de leurs collègues. Pour dissiper les appréhensions, suivez les étapes « affronter, corriger et tourner la page ». Laissez le passé derrière vous.

Mandat

Sur une petite carte, écrivez : « En cas de problème, tout particulièrement avec les employés, je tâcherai d'affronter la situation, d'apporter les changements et ajustements nécessaires et de tourner la page. À moins que la situation ne se reproduise, la question sera résolue et ne sera plus évoquée à l'avenir. »

———— Épilogue ————

Affrontez le problème, résolvez-le, oubliez-le. Et n'y revenez plus jamais.

Voyez le côté positif de leur travail

Pour des raisons que nul ne peut comprendre vraiment, les êtres humains sont beaucoup plus sensibles aux défauts qu'aux qualités. Il suffit de lire les journaux pour s'apercevoir que tous les gros titres sont consacrés aux côtés sombres de la vie : meurtres, destruction, fraudes, scandales… Il est facile de tomber dans le piège du négativisme et d'oublier ce que vos employés font de bien. Choisissez, au contraire, de ne voir que le meilleur en eux.

Philippe était un chef d'entreprise insatisfait. Il essayait en vain de faire travailler ses employés en équipe et de dicter ses ordres. Il s'emportait constamment contre eux et ne cessait de leur trouver des défauts. Bien entendu, plus il les accablait de reproches, plus la situation empirait. Il n'arrivait pas à comprendre qu'en s'en prenant au côté négatif des gens, il détruisait du même coup leur côté positif. Il faisait en fait tout le contraire de ce qu'il fallait faire pour obtenir les résultats qu'il visait.

Il faut savoir reconnaître et saluer les 99 choses que les employés font bien et ne corriger que la seule chose qu'ils pourraient mieux faire. Avant de formuler des critiques, interrogez-vous sur leur pertinence et demandez-vous s'il n'existe pas d'autres moyens de modifier un comportement.

Mandat

Sur une petite carte, écrivez la phrase suivante : « Voir le côté positif du travail des employés. » Cette carte vous rappellera que, si vous devez parfois signaler aux employés leur mauvaise performance, vous devez aussi renforcer leurs comportements positifs.

—————— Épilogue ——————

Une bonne performance se reproduit quand elle est récompensée. Or, voir le côté positif d'un travail, n'est-ce pas déjà le récompenser ?

Concentrez-vous sur
les comportements et non sur les gens

Il n'y a pas de mauvaises personnes ; il n'y a que de mauvais comportements. En tant que dirigeant, vous devez vous attaquer aux problèmes et non aux gens ; sinon, vous provoquerez très probablement une forte résistance de leur part, car les commentaires négatifs minent l'estime de soi. Quand leur estime de soi est ébranlée, les gens adoptent souvent une attitude défensive et ripostent.

Benjamin avait le don d'aider les gens à s'améliorer. Il suivait pour cela quelques étapes toutes simples dont vous pourriez vous inspirer.

Lorsque vous êtes confronté à un problème de comportement, vous devez premièrement décrire le problème de manière aussi courtoise que possible. L'important est de protéger ou de renforcer l'estime de soi de votre interlocuteur. Évitez de formuler vos commentaires comme des critiques, pour ne pas le démoraliser.

Deuxièmement, sollicitez son aide pour résoudre le problème. S'il refuse de le faire et qu'il ne manifeste aucun bon vouloir, vous êtes coincé, et il vous faudra alors trouver une autre solution.

Troisièmement, explorez ensemble les causes du problème et établissez un plan pour le résoudre. N'oubliez pas que l'estime de soi est plus fragile qu'un œuf et que personne n'aime les critiques, même constructives.

Mandat

Consacrez une petite carte aux trois étapes à suivre pour résoudre un problème de comportement : décrire le problème, demander l'aide de l'employé pour le résoudre et, finalement, trouver les causes du problème et établir un plan pour le régler. Relisez cette carte au besoin.

——— Épilogue ———

Axez vos évaluations du rendement sur une seule chose : le comportement. Ne vous en prenez pas aux personnes et ménagez leur estime de soi.

Les voleurs de temps

Aucun patron n'hésiterait à renvoyer sur-le-champ un voleur. Pourtant, toutes sortes de voleurs pullulent autour de vous. Tous les fainéants, les geignards et les parasites qui minent la productivité et la performance sont aussi des voleurs, même s'ils s'en sortent plutôt bien. Voler, c'est voler, et les pires voleurs sont peut-être ceux qui se moquent ouvertement de fournir le rendement que vous attendez d'eux. Ils volent l'argent dont vous avez besoin pour payer vos employés les plus méritants.

Chaque semaine, Marjolaine préparait une pile de chèques de paie et chaque semaine, son patron rechignait à les signer. Savez-vous pourquoi ? Parce qu'il était convaincu que ses meilleurs employés méritaient cette paie, et plus encore, pour la contribution qu'ils apportaient à sa compagnie, alors que les paresseux et les grincheux se l'accaparaient comme des voleurs, exactement comme s'ils pillaient son coffre-fort. Il finit par décider que tous les employés qui ne faisaient pas leur part seraient invités à chercher un autre emploi.

Mandat

Quand vous vous apercevez que les paresseux s'enrichissent au détriment de vos ressources les plus précieuses et que vous ne parvenez pas à changer leur comportement, faites la seule chose qui s'impose : montrez-leur la porte.

Sur une petite carte, écrivez : « Les fainéants sont des voleurs. Il faut les découvrir et s'en débarrasser. » Relisez cette carte au besoin.

———— Épilogue ————

La paie est un bien que les employés reçoivent en échange de leur travail. Fâchez-vous contre les employés qui ne vous fournissent pas le travail que vous payez. Débarrassez-vous des voleurs.

« Je m'intéresse à toi… »

De toutes les relations que nous avons dans notre vie, la plus importante est celle que nous avons avec nous-mêmes. Et de toutes les conversations que nous avons dans notre vie, la plus importante est aussi celle que nous avons avec nous-mêmes. Il faut entendre la voix qui nous parle, et y répondre. Quand ce dialogue est positif, nous trouvons des solutions positives. Quand il est négatif, nous nous enlisons dans des problèmes sans fin. Voici un mantra que vous pourrez adapter à vos conversations avec vous-même.

Dans son ouvrage *What to Say When You Talk to Yourself*, Shad Helmstetter nous invite au dialogue intérieur. Un des principes de ce dialogue qui pourrait vous être utile dans le monde des affaires est le suivant : « Je m'intéresse à toi, et tu comptes pour moi. » Quand vous communiquez avec quelqu'un, demandez-vous : « Si je m'intéresse à lui et qu'il compte pour moi, que dois-je faire ? » Cela changera complètement le dialogue que vous aurez avec vous-même.

Mandat

Sur une petite carte, écrivez : « Je m'intéresse à toi, et tu comptes pour moi. » Relisez cette fiche de temps en temps pour ne pas oublier ce principe.

———— Épilogue ————

En vous parlant intérieurement avec respect et attention, vous pourrez faire d'importants changements dans votre vie et adopter une pensée positive qui apportera des résultats positifs.

La formule 50-25-25

Si vous avez déjà eu recours à un programme d'incitatifs financiers pour motiver votre personnel, il est à peu près certain que vous avez été déçu par vos résultats à long terme. Ce genre de programme tombe souvent à plat quand l'employeur s'aperçoit qu'il récompense des employés qui ne le méritent pas. De plus, une fois que les employés commencent à en bénéficier, ils le tiennent pour acquis et l'attendent tout naturellement de leur employeur.

Selon Norm Gaither, célèbre sorcier de la finance, la plupart des programmes d'incitatifs financiers échouent parce que les employeurs craignent de trop payer leurs employés. Ils donnent d'une main ce qu'ils retirent de l'autre. Ils fixent toutes sortes de limites et de conditions, établissent des normes de rendement que personne ne peut atteindre et remettent avec regret les chèques de primes aux employés. En très peu de temps, le programme s'effondre et l'employeur l'abandonne. Tout le monde sort déçu de l'expérience.

Pourquoi ne pas envisager un programme où vous ne récompenserez les employés que si l'entreprise fait un profit? De la sorte, tout le monde collaborera pour réduire les dépenses et maximiser la productivité. Une des formules de calcul les plus connues est la formule 50-25-25. Elle se base sur les profits nets après impôts. La première tranche des profits nets (50 %) est réinvestie dans l'entreprise pour l'achat de nouveaux équipements, les projets d'expansion et les mises à niveau technologiques. La deuxième tranche (25 %) des profits est redistribuée aux actionnaires et aux propriétaires pour les récompenser des risques qu'ils ont pris en investissant dans l'entreprise. Finalement, la troisième tranche (25 %) est répartie parmi les employés en pourcentage de salaire. Vous avez peu à perdre, puisque vous ne partagez que les bénéfices après impôts. C'est aussi une méthode simple et facile à comprendre qui incite les employés à contribuer à la rentabilité de l'entreprise.

Mandat
Sur une petite carte, écrivez : « Établir un programme d'incitatifs d'après la formule 50-25-25. » Référez-vous à cette carte pour créer un programme d'incitatifs financiers efficace.

———— Épilogue ————
Ce programme d'incitatifs est simple, mesurable et équitable. Les employés l'adopteront parce qu'ils pourront calculer rapidement la prime qu'ils recevront.

Sagesse populaire chinoise

Les employés peuvent difficilement être motivés très longtemps quand ils constatent qu'ils font tout le travail et que la direction récolte tous les profits. Les gestionnaires intelligents savent que, bien planifié, le partage des profits est plus un investissement qu'une dépense. C'est un moyen concret de montrer aux gens que leur bonne performance est nécessaire et qu'ils peuvent en tirer une gratification personnelle.

Quand tu bois de l'eau, n'oublie pas ceux qui t'ont aidé à creuser le puits, dit un vieux proverbe chinois. Même modeste, une récompense monétaire peut susciter un sentiment de fierté et d'enthousiasme qui se répandra comme une traînée de poudre dans la compagnie. Conjuguée à un feedback positif, ce genre de récompense peut propulser une entreprise à des sommets insoupçonnés.

Mandat
Sur une petite carte, écrivez : « Les primes de rendement ne donnent de résultats que lorsqu'elles sont distribuées judicieusement et occasionnellement. » Relisez cette fiche pour vous rappeler que les primes en espèces doivent être justifiées et que les employés ne doivent pas les tenir pour acquises.

—————— Épilogue ——————
Quand vous partagez votre richesse, vos employés vous aident à vous enrichir davantage.

Si vous n'avez rien à cacher, ne cachez rien

C'est bien connu : de nombreux chefs d'entreprise et gestionnaires sont pratiquement terrorisés à l'idée que leurs employés en sachent trop sur les finances de leur compagnie. Ils ne veulent pas que les employés sachent combien de profits ils font, probablement parce qu'ils craignent que ceux-ci ne leur demandent une augmentation. Les finances de la compagnie deviennent un secret trouble et profond, et la direction se livre à toutes sortes de manœuvres pour empêcher que cette information ne s'ébruite.

Un chef de la direction, nouvellement engagé par Sears Roebuck, a voulu savoir si les employés avaient une idée juste des profits, de la marge bénéficiaire et du bénéfice par vente que réalisait Sears. Il a donc fait préparer un sondage dans lequel il posait aux employés la question suivante : « Selon vous, quel est le profit après dépenses et impôts que réalise Sears sur une vente de un dollar ? » Dans les réponses des employés, le montant le plus bas était de 2 ¢ et le montant le plus élevé, de 1,10 $. Ces réponses confirmaient les craintes du chef de la direction : les employés avaient une perception totalement erronée des profits. Or, mieux informés, ils seraient davantage en mesure d'aider Sears à accroître son chiffre d'affaires.

On dit que les personnes qui possèdent une information sont obligées d'en assumer la responsabilité, et que celles qui ne la possèdent pas ne peuvent pas en être tenues responsables. Si vous n'avez rien à cacher, ne cachez rien. Soyez transparent à propos de vos finances. Tout le monde en profitera.

Mandat

Inutile de tenir vos finances secrètes. Sur une petite carte, écrivez : « Dire à tous les employés quel profit nous faisons (ou comment nous mesurons notre réussite). Une fois informés, ils seront mieux placés pour nous aider. »

—————— Épilogue ——————

C'est simple : 80 % de vos employés croient que vous faites plus d'argent que vous n'en faites, et les 20 % restants croient que vous leur mentez.

Sont-ils payés équitablement ?

Supposez que vous interrogiez 1 700 travailleurs de tous les segments de l'industrie et de toutes les régions de votre pays et que vous leur posiez la question suivante : « Estimez-vous que vous êtes rémunéré à votre juste valeur ? » Selon vous, combien de personnes vous répondront par l'affirmative et combien de personnes par la négative ? Les réponses pourraient vous surprendre. Tout ce que les employés exigent vraiment de vous, c'est que vous soyez équitable.

J'ai réellement effectué ce sondage. De toutes les personnes que j'ai interrogées, seules trois ont répondu qu'elles s'estimaient sous-payées. L'aspect le plus important aux yeux des employés se résume ainsi : s'ils contribuent à la prospérité de la compagnie, la direction doit être prête à le reconnaître et à partager une partie de sa richesse. Concrètement, voici les questions qu'ils se posent : leur salaire sera-t-il augmenté quand ils le méritent ? Obtiendront-ils la part de profits qui devrait leur revenir ? En deux mots, auront-ils leur juste part ?

Adoptez l'idée d'un programme de justes parts. En cas de profits, dites aux employés quand vous redistribuerez des fonds et comment vous le ferez. Expliquez-leur que, dans tous les cas, ils obtiendront leur juste part.

Mandat

« Je garantirai aux employés qu'ils obtiendront la juste part qui leur revient, et je veillerai à ce que ce ne soient pas des mots en l'air. » Écrivez cette phrase sur une petite carte et relisez-la de temps en temps pour vous rappeler que la « juste part » est plus importante que le salaire ou la rémunération véritable des employés.

Épilogue

Ne vous contentez pas de parler de votre programme de justes parts. Mettez-le à exécution. Quand vous distribuerez effectivement les parts, les employés sauront que vous ne parlez pas à la légère et ils vous feront confiance.

113

Le piège de l'ancienneté

Dans plusieurs entreprises nord-américaines, la tradition veut que le salaire d'un employé augmente en fonction du nombre d'années de service dans l'entreprise. Ce système n'encourage en rien la productivité; tout ce qu'il produit, ce sont des employés qui restent plus longtemps à leur poste. Cela justifie-t-il qu'on les paie davantage? Ne devrait-on pas plutôt augmenter leur salaire en fonction de leur rendement?

Une véritable catastrophe menaçait une chaîne de détaillants de Minneapolis parce que la masse salariale de l'entreprise était totalement disproportionnée par rapport à son pourcentage de ventes. Des changements radicaux s'imposaient. Au fil des années, certains employés plus anciens avaient cumulé les augmentations salariales et grugé le capital. L'entreprise a décidé de transformer son régime salarial en un système de rémunération horaire assorti d'un programme d'incitatifs. Tous les employés qui atteindraient les objectifs de vente et de rentabilité obtiendraient désormais une part des profits.

Ne donnez pas votre argent à des employés uniquement parce qu'ils travaillent depuis longtemps dans votre entreprise. Ce sont peut-être vos employés les moins productifs.

Mandat

«Ancienneté n'est pas synonyme de productivité. Je dois créer une méritocratie et rémunérer les employés en fonction de leur rendement et non de leur ancienneté.» Écrivez ces phrases sur une petite carte. Mettez en œuvre un nouveau régime de rémunération fondé sur la performance et non sur les années de service.

—————— Épilogue ——————

Auteur et consultant renommé, Tom Peters considère que 40 % du salaire d'un employé doit provenir d'incitatifs. Cette formule vous permettra d'éviter le piège de l'ancienneté. Pourquoi ne pas l'adopter?

Vous voulez de la loyauté? Achetez un chien!

Les employeurs ont trop souvent tendance à croire que leurs employés devraient être loyaux pour la simple raison qu'ils leur donnent du travail et qu'ils les rémunèrent. Ils oublient que la loyauté est quelque chose qui se mérite, souvent à long teme, et non qui est dû.

Un patron reçoit un jour une note de service à laquelle sa secrétaire a joint un feuillet autoadhésif stipulant: «Vous voulez de la loyauté? Achetez un chien. Moi, je travaille pour de l'argent.» Sa première réaction est de penser qu'elle lui réclame indirectement une augmentation de salaire. Est-il possible qu'il ne la paie pas assez? s'interroge-t-il. Quand il lui demande des éclaircissements, elle se met à rire et lui explique que c'est tout simplement une phrase lue dans une revue et qu'elle a trouvée drôle. Le patron sourit, mais cette blague continue de lui trotter dans la tête. Il se dit que les gens ont besoin d'avoir un revenu décent pour vivre et que si on ne les paie pas convenablement, ils nous refusent leur loyauté ou nous quittent, tout simplement.

Mandat

Sur une petite carte, écrivez : « Vous voulez de la loyauté ? Achetez un chien. » Relisez cette carte pour vous rappeler que les gens ne vous accordent leur loyauté que si vous la méritez. Faites ce qu'il faut pour la mériter.

———— Épilogue ————

Les dirigeants exigent bien trop souvent la loyauté d'employés à qui ils n'offrent pas le salaire et les avantages sociaux mérités.

Montrez-leur de l'argent

L'idée d'exhiber de l'argent peut donner d'excellents résultats si vous voulez promouvoir un concours de vente, un programme incitatif ou tout autre moyen de gagner un surplus d'argent. Prenez quelques gros billets (de 100 $, par exemple) et disposez-les bien en évidence dans une armoire vitrée. Il y a quelque chose de palpitant dans le spectacle de billets de banque exposés à la vue de tout le monde.

Tous les matins, Marie-Anne, coordonnatrice des ventes d'une grande entreprise de fabrication, se rendait à sa réunion des ventes matinale avec une pile de billets de banque qu'elle avait retirés du coffre-fort. Elle prenait place, posait ses billets de banque devant elle et se mettait à les compter méthodiquement pendant la réunion. Quelques centaines de milliers de dollars seraient remis à la fin du mois aux vendeurs qui atteindraient les objectifs du programme d'incitatifs. Elle montrait l'argent qui serait remis à la fin du moins en espèces sonnantes.

Cette stratégie a porté ses fruits. Motivés par la vue de l'argent, les vendeurs ont tous réussi à atteindre leurs objectifs, certains les ayant même dépassés de très loin. Et, comme on pouvait s'y attendre, les ventes ont monté en flèche.

Mandat

«Montrez-leur de l'argent!» Écrivez cette phrase sur une carte pour vous rappeler que la vue de billets de banque peut fortement motiver les employés.

—————— Épilogue ——————

Les billets de banque ont quelque chose de presque mystique, de magique. Leur présence motivera les employés bien plus qu'un chèque ne peut le faire. Pensez-y.

Orientez les comportements vers les résultats

Une des erreurs les plus tragiques que font les gestionnaires nord-américains est d'accorder plus d'attention aux activités qu'aux résultats. Noyés dans leurs tâches quotidiennes, les employés en oublient les buts véritables de leur travail et perdent de vue la mission de l'entreprise. Or, que cherche une entreprise? Selon le célèbre conseiller en gestion Peter Drucker, «le but d'une entreprise est de créer une armée d'adeptes parmi les consommateurs».

Pour amener vos employés à adopter le comportement le plus souhaitable, ramenez toutes les activités aux résultats et aux buts que vous cherchez à atteindre, c'est-à-dire le service à la clientèle. Il ne s'agit pas de décrocher une vente ici et là, mais d'amener le consommateur à demander de nouveau vos services et à vous rester fidèle. Pour expliquer aux employés ce que vous attendez d'eux, reliez constamment leurs activités aux résultats finaux et montrez-leur l'importance que cela revêt pour le client.

À défaut de créer des adeptes de votre service, vous passerez votre temps à chercher de nouveaux clients, et vos coûts grimperont sans arrêt. Fidélisez plutôt votre clientèle.

Mandat

«Entre les activités et les résultats, je choisis les résultats.» Écrivez cette phrase sur une petite carte et relisez-la de temps en temps pour vous rappeler que, tout en parlant à vos employés de leurs activités, ce sont leurs résultats que vous mesurez et valorisez en premier lieu.

─────── **Épilogue** ───────

Les activités remplissent notre cœur, mais les résultats remplissent nos poches. Concentrez-vous sur le plus important : créer une clientèle qui vous sera fidèle.

Du *je* au *nous*

Votre entreprise est-elle contaminée par une épidémie d'individualisme ? Y a-t-il des employés qui se livrent concurrence pour prouver leur supériorité ? Si oui, vous êtes en présence d'une situation très destructrice, car vous savez comme moi que la victoire est un phénomène d'équipe. Le travail d'équipe doit être le but de toute formation et de toute activité. Sans esprit d'équipe, vous perdrez une grande partie de votre main-d'œuvre.

Nous avons tout à gagner à passer du *je* au *nous*. Rien ne le montre mieux qu'une course NASCAR : quand une voiture se lance à très haute vitesse toute seule sur la piste, elle doit lutter contre la résistance de l'air. Quand une deuxième voiture fait équipe avec la première et qu'elle vient se placer derrière elle, cette deuxième voiture profite du courant d'air aspirant, et cela fait accélérer les deux voitures. Cette stratégie revêt une telle importance que le partenariat est devenu indissociable des courses NASCAR.

De même, le travail d'équipe est capital et doit être au cœur de votre entreprise ou de votre organisme. Ne vous y trompez pas : un groupe de personnes qui travaillent ensemble ne constitue pas forcément une équipe. L'esprit d'équipe naît quand toutes les personnes qui travaillent ensemble subliment leurs besoins personnels et que leur travail collectif dépasse la somme de leurs efforts individuels.

Mandat

« Le nous est plus puissant que le je. » Écrivez cette phrase sur une petite carte et relisez-la toutes les semaines pour vous rappeler que vous devez former une équipe et non réunir une série d'exécutants individuels.

─────────── **Épilogue** ───────────

Inciter les employés à passer du *je* au *nous* est un défi quotidien, vu que la plupart des gens sont surtout concernés par leur propre personne. N'y renoncez pas. Créez un esprit d'équipe.

Votre définition du succès

Comment mesurez-vous le succès d'une entreprise ? Quel critère utilisez-vous pour définir une victoire ? Il existe plusieurs moyens de le faire (revenu brut, part du marché, profit net, etc.), mais le plus important est d'avoir un but clair, qu'on peut facilement définir et mesurer, un but que tout le monde connaît et comprend. Comment sauriez-vous qu'un quart-arrière marque un but s'il n'y avait ni lignes ni poteau de but sur le terrain de football ?

Le magnat du pétrole John Paul Getty a été autrefois un des hommes les plus riches du monde. Quand on lui demandait ce que signifiait pour lui « assez d'argent », il répondait « juste un peu plus ». Les chefs d'entreprise ont trop souvent tendance à suivre ce genre de logique : ils en veulent un peu plus mais ne fournissent aucune mesure ni indication aux employés pour évaluer ce qu'ils entendent par là. Comme on ne leur a pas décrit l'objectif à atteindre, les employés se sentent perdus et déroutés. Si vous ne donnez pas à votre équipe une définition précise du succès, elle ne saura jamais quand elle remporte une victoire.

Les employés aiment savoir qu'ils travaillent pour une entreprise qui se soucie d'eux. Ils veulent participer à un projet qui ne se limite pas à un salaire. Ils veulent contribuer à améliorer le monde, et il leur faut un système mesurable qui confirme leurs victoires.

Mandat

Sur une petite carte, écrivez : « Comment définissons-nous le succès ? Comment le mesurons-nous ? Mon équipe connaît-elle notre but ? » Relisez cette carte toutes les semaines pour confirmer que vous avez établi un but mesurable et que vous l'avez communiqué à votre équipe.

———— Épilogue ————

Rien ne sape davantage le moral que d'avoir constamment à faire « un petit peu plus » sans connaître le but de ses efforts.

119

Aujourd'hui, demain et les jours suivants

L'avenir nous semble si vaste que nous ne savons pas toujours par quel bout le prendre. Les spécialistes en gestion du temps et en productivité évoquent souvent ce vieux dicton : « Comment manger un éléphant ? Un morceau à la fois. » Il est plus facile d'exécuter un projet quand on le décompose en plusieurs parties.

Un éminent consultant avait coutume de noyer ses clients dans un magma d'informations. Il exécutait ce qu'il appelait une « analyse des activités commerciales » et établissait une feuille de route pour l'avenir. Malheureusement, la feuille de route devenait si impressionnate que les clients capitulaient devant la tâche à abattre.

Il a peu à peu compris qu'il fallait présenter ses idées par étapes : ce qu'il fallait faire le jour même, ce qu'il fallait faire le lendemain et ce qu'il fallait faire les jours suivants. Présentées ainsi, ses idées devenaient plus digestibles. Pensez à subdiviser vos plans en étapes afin de ne pas submerger vos clients et vos employés.

Mandat

« Comment mange-t-on un éléphant ? Un morceau à la fois. » Écrivez cette phrase sur une petite carte pour vous rappeler que vous ne devez pas assommer votre équipe avec de nouvelles données et de nouvelles tâches, mais fractionner celles-ci en morceaux « digestibles ».

—————— Épilogue ——————

Il y a un avantage caché à intéresser vos employés à l'avenir : montrez-leur que vous savez clairement ce que vous voulez et comment vous vous y prendrez pour l'obtenir. Vous les pourvoirez du même coup d'espoir, d'optimisme et d'inspiration pour affronter le futur.

Comment congédier des employés et recevoir leurs remerciements

Une des tâches les plus désagréables qui arrive à tout gestionnaire est de congédier un employé. Il n'est pas rare qu'un gestionnaire ne dorme pas de la nuit ou qu'il soit pris de violentes nausées à l'idée d'affronter un employé auquel il doit signifier son congé. Si vous avez déjà connu ce genre d'anxiété, ne vous inquiétez pas. Vous êtes tout simplement humain.

Serge a été embauché par une entreprise pour diagnostiquer et résoudre les problèmes de la clientèle. Ce travail, qui exige énormément de contacts avec les clients, l'a tout de suite mis mal à l'aise. Serge a beau essayer, il se rend bien compte qu'il n'est pas fait pour ce travail. Durant un entretien avec son superviseur, ils en viennent tous deux à la conclusion que Serge n'a pas le tempérament d'un vendeur et qu'il ne veut pas vraiment faire ce travail. Le superviseur l'encourage à explorer d'autres avenues professionnelles et l'aide même à décrocher un emploi de poseur de briques. Serge le remercie de l'avoir aidé à trouver ce travail qui lui correspond davantage.

Quand vous constatez qu'un employé n'est pas fait pour un travail et que vous le laissez quand même à son poste, vous lui faites autant de mal que vous en faites à l'entreprise. Faites-lui comprendre sans trop le brusquer qu'il n'est tout simplement pas fait pour ce travail. Expliquez-lui que cela n'enlève rien à ses qualités et que, de plus, il compromet son avenir professionnel en restant à ce poste.

Mandat

Sur une petite carte (s'il vous en reste…), écrivez ceci : « Congédiez l'employé en le ménageant autant que possible, mais congédiez-le. Vous aiderez à la fois l'entreprise, l'équipe et l'employé. » Relisez cette carte chaque fois que vous devez congédier quelqu'un.

—————— Épilogue ——————

Quoi que vous fassiez, certaines personnes ne sont tout simplement pas faites pour travailler dans votre entreprise. Faites-le-leur comprendre le plus gentiment possible.

Votre liste de choses faites

Avez-vous l'habitude de faire des listes de choses à faire ? Préférez-vous les faire par écrit, sur écran ou avec votre assistant numérique ? Dans tous les cas, vous vous êtes sûrement rendu compte que vous venez rarement à bout de tout ce que vous avez à faire. Chaque fois que vous finissez quelque chose, il semble que quelque chose d'autre vous vienne en tête et s'ajoute à la liste. Mettrez-vous un jour un point final à votre liste de choses à faire ?

Imaginez un instant que vous soyez premier ministre. Vous avez très certainement une liste de choses à faire, même si quelqu'un d'autre la prépare et la met à jour à votre place. Tout le monde sait qu'un premier ministre ne peut pas résoudre tous les problèmes de l'univers en une journée et rentrer tranquillement chez lui le soir. Tout comme vous, il résout les problèmes un à un et s'occupe des projets au jour le jour. Et tout comme vous, il voit sa liste s'allonger à l'infini et sait qu'il ne parviendra pas à tout faire.

Je vous propose de conserver votre liste de choses à faire pendant une semaine, un mois ou peut-être même une année. À la fin de cette période, revoyez la liste des choses *faites* et analysez tout ce que vous avez accompli. Vous constaterez alors que vous avez abattu énormément de travail et vous vous en féliciterez. Cette révélation changera votre attitude et vous fera voir les tâches futures avec un sourire confiant qui inspirera votre entourage. Encouragez vos employés à vous imiter. Ce sera pour eux un excellent moyen de se motiver.

Mandat

Sur une petite carte, écrivez « Choses à faire » et « Choses faites ». Relisez chaque mois votre liste de choses faites pour évaluer tout ce que vous avez accompli. Demandez à vos employés de faire la même chose.

———— Épilogue ————

Une liste de choses faites est une excellente occasion de vous réjouir et de vous féliciter. Les félicitations sont rares quand on est gestionnaire. Alors, pourquoi ne pas vous féliciter vous-même ?

L'auteur

Jerry R. Wilson a commencé sa carrière il y a 25 ans à titre de gérant d'un petit magasin de pièces automobiles. Nul n'aurait pu imaginer alors qu'il deviendrait un spécialiste du marketing de renommée mondiale et l'auteur d'une nouvelle philosophie de marketing et de fidélisation de la clientèle appelée *customerology*.

C'est pourtant ce qui s'est passé. Jerry R. Wilson a transformé son petit magasin de pièces automobiles en un commerce de détail extrêmement lucratif qui s'est vite imposé comme le plus important de sa région. Non content d'accroître les ventes de sa propre entreprise, il a voulu mettre à profit son expérience et a rapidement acquis une réputation d'excellent conseiller en gestion, vente et opérations de détail.

Jerry R. Wilson est l'auteur de plusieurs ouvrages à succès, traduits dans plusieurs langues et distribués dans le monde entier : *Word-of-Mouth Marketing, 138 Quick Ideas to Get More Clients* et *How to Grow Your Auto Parts Business*. Il a également écrit plus de 100 articles de fond sur la fidélisation de la clientèle dans diverses revues professionnelles et commerciales des États-Unis et du Canada.

Son expérience en gestion l'a amené à créer une nouvelle « science », appelée *customerology*, dont le but est d'aider les entreprises à acquérir, satisfaire et conserver leur clientèle. À titre de conseiller, Jerry R. Wilson a aidé des entreprises comme Firestone, Stanley Publishing et Ripley's Believe It Or Not à reformuler leurs conceptions de la clientèle, leurs stratégies de service et leurs pratiques d'affaires. Il a également assumé les fonctions de directeur général au sein d'une importante association professionnelle d'État et prodigué ses services de conseils à plusieurs chefs d'entreprise à l'échelle nationale et internationale.

En Nouvelle-Zélande, par exemple, Jerry R. Wilson a travaillé en étroite collaboration avec la direction du parc thématique Rainbow's End pour relancer l'entreprise arrachée à la faillite. Après avoir restructuré son système de relations avec la clientèle conformément aux conseils de Jerry R. Wilson, la direction du parc thématique a réussi à attirer 70 000 visiteurs de plus en une année.

À Merchant's Tire, chaîne de plus de 100 centres automobiles établie en Virginie, Jerry R. Wilson a aidé la direction à lancer une campagne destinée à réduire le nombre de plaintes de la clientèle. Après la mise en place du système de *customerology*, les plaintes de la clientèle ont chuté de plus de 50 %.

Ces succès étonnants lui ont valu de nombreuses invitations à titre de conférencier. Il s'est adressé à plus de 1 000 auditoires aux États-Unis, au Canada, en Nouvelle-Zélande, en Indonésie et en Amérique du Sud, et ses conférences, ses séminaires et ses ateliers ont profité à d'innombrables sociétés et organismes du monde entier.

Jerry R. Wilson a reçu le titre de conférencier professionnel certifié de la NSA (National Speakers Association – Association américaine des conférenciers), titre prestigieux dont ne peuvent s'enorgueillir que 400 conférenciers dans le monde. Il a assumé deux mandats à la présidence de la section de l'Indiana de la NSA et a également été président du Comité de certification de cet organisme.

Jerry R. Wilson s'est mérité l'honneur de figurer dans le *Who's Who Directory of the Midwest* et dans le *World Directory of Men of Achievement*.

COLLECTION ENTREPRENDRE

Faites sonner la caisse
Alain Samson
24,95 $ • 216 pages, 1995

Le marketing et la PME
Serge Carrier
29,95 $ • 346 pages, 1994

Profession : entrepreneur
(2e édition)
Yvon Gasse et Aline D'Amours
21,95 $ • 140 pages, 1993

Entrepreneurship et développement local
Paul Prévost
24,95 $ • 200 pages, 1993

La passion du client
Yvan Dubuc
24,95 $ • 210 pages, 1993

Devenez entrepreneur
(2e édition)
Paul-A. Fortin
27,95 $ • 360 pages, 1992